GUT FEELINGS

The Intelligence of the Unconscious

直覺思維

——你超越邏輯的快速決策天賦——

捷爾德・蓋格瑞澤
Gerd Gigerenzer 著　余莉 譯

第一部分　無意識的智慧

第1章　答案就在你心裡

第2章　少即是多

PART I

無意識的智慧

「我們知曉甚多，卻無以言表。」

——邁克爾・博蘭尼（Michael Polanyi）

Chapter 1

答案就在你心裡

心靈有自己的邏輯，理性對此一無所知。

——布萊士．帕斯卡（Blaise Pascal）

我們以為智慧是一種按照邏輯規律運行且有意識的活動。然而，我們的大多數精神生活都是無意識的，而且往往背離了邏輯，比如第六感和直覺。我們進行體育活動、結交朋友、決定買哪一款牙膏，或是對危險事物都擁有直覺；甚至我們會不知不覺墜入愛河、隱約能感應股票會上漲。這本書要解決的問題是：這些感覺從何而來？我們又如何得知？

憑直覺能做出最好的決定嗎？這樣想似乎有些幼稚，甚至可笑。數十年來，一些關於理性決策的書籍和諮詢公司都在宣揚「三思而後行」或者「謀定而後動」，並要人們集中注意力、認真地思考和分析、掌握全方位資訊、全面參透優勢與劣勢、根據機率權衡其可行性，最好使用統計軟體進行計算。然而，人們往往不按這樣的計畫推論，我也不例外。一名哥倫比亞大學的教授正在猶豫是否跳槽到競爭對手那裡，這時，他的同事把他拉到一邊，說：「使你的預期效益最大化——你不是經常這樣寫嗎？」教授被惹惱了，回答道：「別開玩笑，這次可是認真的。」」

從經濟學家到心理學家，甚至一般民眾，大多數人都認為，擁有無盡知識和永恆時光的完美個體是不存在的。然而，他們卻認為，拋開這些界限，多用邏輯去思考，我們可做出最佳選擇：或許不會面面俱到，但我們確實應該試著達到。

本書中，我將邀你一起探索理性的未知領域，那裡生活著如你我一樣的人們，他們有的無知，有的時間有限，有的則前途未卜；這個領域不像學者筆下所描述的那樣：啟蒙的陽光照耀著，邏輯和機率就是那一束束光線。我們要探索的領域籠罩在不確定性的迷霧中。在我的故事裡，思維的「限制因素」恰恰可以成為它的力量。所謂「直覺」，意指思維如何憑藉無意識、經驗法則和演化的能力去適應環境並繞開彎路。奇怪的是，現實生活中的法則，與邏輯性、理想化世界的法則大不相同。並不是資訊越多、思考越多就越好，有時候甚至越少越好。準備好一探究竟了嗎？

心的選擇

我的一位好友哈瑞，曾同時與兩位女孩交往，而且兩個都讓他傾心不已。由於不能腳踏兩條船，他糾結在矛盾的情感中，無法做出選擇。此時，他突然想起班傑明．富蘭克林（Benjamin Franklin）[1]給他侄子的建議，當時他的侄子也面臨著同樣的情況：

一七七九年四月八日

如果你心有疑惑，不妨在一頁紙上，分兩欄寫下支持或反對這項事情的理由，先思考幾天，然後像解決某些代數問題一樣進行運算，看看這兩欄上的哪些原因或動機是同等重要的，如果兩欄支持或反對的理由恰好各擅勝場，就把這兩項一起刪除，以此類推，當你把兩欄中同等重要的理由都找出來，並抵消刪除，你就會發現哪一欄更具優勢……我遇到重要卻沒有把握的問題時，經常使用這種「道德代數」（Moral Algebra）

損益計算法來解決，儘管從數學層面上來說，它不是非常精確，但在我看來，這種方法確實很有用。順便說一下，你要是不學會這種方法，我很擔心你永遠結不了婚。

你親愛的叔叔班傑明．富蘭克林[1]

有一個邏輯公式可以解決這種難題，讓哈瑞如釋重負。於是，他把所有能想到的重要原因寫下來，認真權衡，然後開始計算。當他看到結果時，意想不到的事發生了：心底有一個聲音在告訴他，這個答案不對。哈瑞生平第一次意識到自己的心已經做出了決定——這個決定與計算的結果相反，他愛的是另外一個女孩。通過計算，他確實找到了答案，但之所以能找到答案，並不是因為這種辦法本身的邏輯，而是基於一些他自己都不清楚的理由，對此他也頗為困惑。

哈瑞很慶幸自己突然找到了答案，可是他對這個過程卻十分不解，他心想：無意識的選擇怎麼會與有意識的推論相互矛盾呢？他並不是第一個發現推論會與直覺相悖的人。社會心理學家提摩西．威爾森（Timothy Wilson）和他的同事曾向兩組女人發送海報，感謝她們參與實驗。[2]其中一組，每個人只需從五張海報中選自選擇最喜歡的一張；而另一組在選擇前，必須先說明喜歡或不喜歡的原因。有趣的是，兩組人帶走的海報是不一樣的。四星期後，她們被問及是否喜歡自己的禮物。相比直接帶走禮物的人，那些被問及原因的人對禮物的滿意度較低，甚至後悔自己的選擇。類似的實驗表明，有意識的理性思維似乎會讓我們做出不太滿意的決定，就好比我們有意去想如何騎自行車和如何自然地微笑，其效果往往不及我們無意識行為的效果。大腦中那無意識的部分會在我們（意識本身）不明緣由的情況下做出決定，或者，正如哈瑞一樣，一開始我們甚至不知道自己已經有了決定。

可是，這種自我反思的能力不正是與生俱來，因此也理應普遍有用嗎？畢竟，去探索如何思考是人類的本性。西格蒙德・佛洛伊德（Sigmund Freud）將自我反思做為一種治療方法，而決策顧問們則將富蘭克林的「道德代數」現代版做為理性工具。可是證據表明，權衡利弊並不能讓我們滿意。在一項研究中，受試者必須說明他們日常活動決策的理由，例如為什麼要看某個節目？採購某個日常用品？他們是否不斷切換頻道，搜尋更精彩的節目？或是發現還不錯的節目，就停止轉台並開始觀賞？那些在買東西或看電視時精挑細選的人稱為「極大化者」

（maximizer），因為他們力求找到最好的。而那些在小範圍內選擇，很快做出選擇並對自己的選擇表示滿意，或認為「這個選擇還不錯」的人就稱為「滿足化者」（satisficer）。[3]據調查，「滿足化者」們更為樂觀，自尊心更強，對生活的滿意度也更高；而「極大化者」則講求完美，更容易後悔和自責。

「無知」的效用

想像你參加一檔電視遊戲節目。你憑藉聰明才智接連闖關，戰勝其他所有選手，再答對一題就能獲得獎金一百萬。題目如下：

底特律（Detroit）和密爾瓦基（Milwaukee），哪一個城市人口較多？

天啊，你的地理一向不好。時鐘滴答滴答在響。除了那些愛追根究底的人，很少人知道確切答案。這時，已不可能理智地推論出答案，你不得不用上所有知識努力去猜。你也許知道底特律是工業城市，是美國的汽車城和汽車產業的發源地。然而密爾瓦基也是工業城市，以其啤酒產業著稱，你可能也知道爵士歌手艾拉．費茲傑拉德（Ella Fitzgerald）在歌裡唱到她那來自密爾瓦基、聲音沙啞的表姐。根據這些，你能得出什麼結論呢？

我和丹尼爾．古斯坦（Daniel Goldstein）就這個問題，問了一群美國大學生，其中，四十％說是密爾瓦基，剩下的認為是底特律。接著，我們又問了一群德國大學生。幾乎每個學生的答案都是正確的：底特律。人們也許會據此得出結論：德國學生要聰明一些，或者至少他們更懂美國地理。其實不然。他們根本不瞭解底特律，有許多人甚至沒聽說過密爾瓦基。於是，那些德國學生不得不依靠他們的直覺，而不是理智。那麼，這驚人的直覺背後有什麼祕密呢？

這個祕密很簡單。德國學生運用了「名稱辨識捷思」（recognition heuristic）[4]：

> 如果知道其中一個城市的名字，不知道另一個城市的名字，那麼你應該會推斷前者的人口較多。

美國學生無法使用這種經驗法則，因為兩個城市他們都聽過。他們知道得太多，大量的事實混淆了他們的判斷，使他們無法找到正確答案。這時，適當的無知反而十分可貴，當然，只靠名稱辨識也未必完全正確。比如，日本遊客在沒聽說過比勒費爾德市（Bielefeld）的情況下，可能錯誤地認為海德堡市（Heidelberg）要大一些。儘管如此，在大多數情況下，這個原則都能得出正確答案，而且比一大堆知識有用得多。

名稱辨識捷思不僅在解決這個問題上有用，人們在購買某種產品時也會依靠它，他們會選擇自己知道的品牌。反過來，企業也會利用消費者的捷思，或經驗法則：投資製作產品資訊含量頗低的廣告，唯一目的就是增加消費者對品牌的印象。選認得的路走，這種本能在自然界也具有生存價值。還記得蘇斯博士的著名繪本《綠火腿加蛋》（*Green Eggs and Ham*）嗎？你難道不會選擇稍微常見的早餐？選擇熟悉的食物，你既攝入了足夠的熱量，又不必浪費時間冒險去嘗試新食物，免去誤食古怪食物或中毒的可能。

贏在不思考

在打棒球或板球時，球員如何接住一顆在空中飛行的球？如果你問一個專業的球員，他可能會眼神空洞地看著你，說自己從沒思考過。我的朋友菲爾是棒球員，他的教練經常罵他懶，因為菲爾和其他人一樣有時會朝球落下的地方小跑過去。教練認為菲爾這是在冒不必要的風險，並堅持要他盡量跑快，以便在最後一刻進行必要的調整。菲爾覺得自己陷入了兩難。他和隊友為了不激怒教練，全速跑過去，然而這樣反而更容易漏球。到底是什麼地方出了問題呢？做為一名外野手，菲爾已經有幾年的運動經驗，卻從不知道自己是怎麼接住球的。相比之下，他的教練有一個理論：他讓球員憑直覺計算球的軌跡，他認為最好的策略是以最快的速度朝球的落點跑去。不然還能怎麼做呢？

菲爾的教練並不是第一個主張計算軌跡的人。理查・道金斯（Richard Dawkins）在《自私的基因》（*The Selfish Gene*）一書中寫道：

> 一個人把球拋到高空中，再接住它，彷彿他是通過一系列微分方程式算

出了球的軌跡，他可能根本不知道或不在意什麼是微分方程式，但這並不影響他的球技。潛意識裡的某些功能替你做了數學運算。[5]

計算球的軌跡並不簡單。理論上，球的軌跡是拋物線。為了選擇正確的拋物線，球員們就得在大腦中估計球的初始位置、初始速度和投射的角度。而在現實生活中，球會受空氣阻力、風和自身旋轉的影響，偏離拋物線。如此一來，大腦還需計算球飛行軌跡每一瞬間的風向，以此計算球落地的最終路徑和最終點。所有的這些計算要在幾秒內，也就是球在空中的時間內進行。這是一種標準化的說法，是大腦用一套複雜的流程解決複雜問題的一貫做法。然而，面臨實驗性的檢測時，結果表明運動員們往往不能正確預測球的落點。[6]如果他們預測正確，他們就不會為了追球而撞到牆上、跑進休息區，或者躍入觀眾席了。很明顯，是其他因素在起作用。

有沒有一種簡單的經驗法則可以幫助球員們順利接到球？實驗研究表明，有經驗的球員使用了幾類經驗法則，其中之一便是「凝視捷思」（gaze heuristic），當球已經飛上高空時就可以使用這種模式：

將視線固定在球上，開始跑，同時調整跑步速度，使注視的角度保持不變。

注視的角度，就是我們的眼睛和球兩點成線，與地面形成的夾角。使用這一法則的球員就不需要測量風、空氣阻力、旋轉和其他相關變數了，所有的相關變數都包含在一個變數中：注視的角度。需要注意的是，凝視捷思不能計算出球的落點，但它能將球員引向落點。

如之前提到的，凝視捷思適用於球飛入高空的時候。若非如

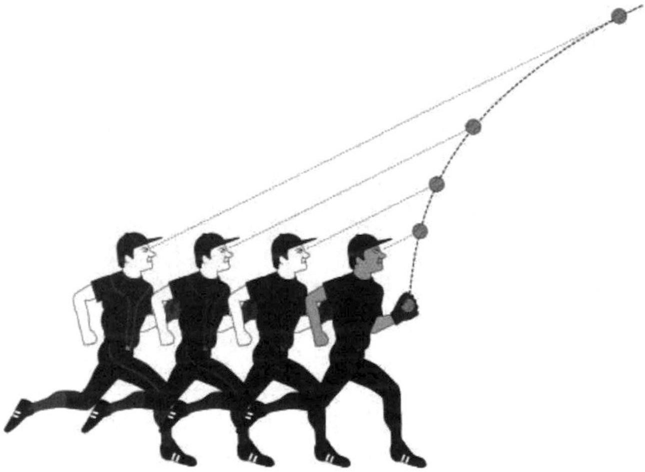

■ 圖 1-1 如何接住一顆在空中飛行的球？球員們依靠無意識的經驗法則。當球飛上天時，球員注視著球，然後開始奔跑，同時調整自己跑步的速度，使注視的角度保持不變。

此，球員們只需改變他們策略中的最後一個「組成元素」[7]：

> 將視線固定在球上，開始跑，同時調整跑步速度，使球在視線中以恆定的速度上升。

人們可憑直覺發現其中的邏輯。如果球員看到球從打擊點加速上升，那麼他最好後退，因為球將落在他當前位置的後面。然而，如果球是減速上升，那麼他就應該往前跑。如果球以恆定的速度上升，那麼球員就可以待在原地。

如此，我們就能明白球員如何不經思考就能接住飛行中的球，也知道是什麼造成菲爾的困境了。儘管教練誤以為球員應該計算軌跡，但事實上，他們無意識地使用了一個修正跑步速度的簡單經驗法則。因為菲爾不明白自己為什麼會那麼做，所以他無法為自己辯護。可見，不懂經驗法也會導致不利的結果，即使凝視捷思再簡單，大多數外野手卻不曾意識到它。[8]

一旦意識到直覺背後運作的這個原理，就可以教導他人運用。假如你學開飛機，有人會教你用這個規則：一旦有另一架飛機接近，可能發生碰撞時，你可以注視擋風玻璃上的一道刮痕，觀察另一架飛機是否相對那條刮痕在移動。如果不是，立即改道。一名優秀的飛行指導員，不會讓學員計算兩架飛機在四度空間（包括時間軸）的飛行軌跡，從而判斷兩者是否相交。否則，飛行員可能無法在碰撞發生之前算出或意識到飛機即將相撞。簡單的規則往往不易受到評估或計算誤差的影響，它是憑直覺就能看清的。

捷思及其相關規則，能解決一系列包括攔截運動中的物體在內的問題。在球賽和追捕行動中，它能夠促成交錯；而在飛行和航行中，它盡力避免碰撞。[9]在人類歷史上，攔截運動中的物體是一項重要的適應挑戰，凝視捷思即是從其演化起源（比如狩獵）開始，再延伸運用到球賽。當然，攔截的技術因種類而異。從魚類到蝙蝠，許多生物天生具有追蹤飛行物的能力，牠們能夠追蹤一個在三度空間中飛行的物體，這正是凝視捷思所具備的生物機制之一。硬骨魚捕食時，會讓自己的運動路線與捕食目標之間保持恆定的角度。此外，公食蚜蠅也是如此攔截母食蚜蠅以進行交配。[10]另外，狗在追飛盤的時候，也有著和外野手同樣的直覺，而且飛盤軌跡更為複雜，會在空中曲線飛行。研究人員曾將攝影機裝在西班牙獵犬的頭上，結果發現獵犬在追著球跑時，會使球的相對行進路線保持直線。[11]

有趣的是，儘管凝視捷思是在無意識情況下發生的，但其中一部分也屬於常識。比如，美國參議員拉斯．芬古德（Russ Feingold）評論布希政府入侵伊拉克，卻忽視蓋達組織的活動時，他說：「我想請問你，沃爾福威茨（Paul Wolfowitz）部長，你確定我們真的將注意力集中在球上了嗎？」[12]不過，凝視捷思並不適用於所有的攔截運動物體問題。如眾多球員所說，最難接住的往往是直接砸來的球，因為在這種情況下，經驗法則根本不起作用。

運用凝視捷思可輕易解決一些複雜的問題，比如，及時接住球；而在這點上，機器人是無法與人類相比的。這個經驗法則忽略了一切與計算球的軌跡相關的資訊，它只注重一條資訊：注視的角度。它的原理非常簡單，在於根據眼前的變化來判斷，而不是預先計算出最佳解決方案，再依此執行。有的公司在決定年度預算時也會根據回饋而變化。在我所工作的馬克斯普朗克協會（*Max-Planck-Institute*），我和同事們在制定年度預算時，只是對去年的預算做微調，而沒有重新擬訂。無論是運動員還是商業管理者，都不需要去計算球或商業的軌跡。直覺所提供的「捷徑」，往往能讓他們達成目標，而且很少犯嚴重的錯誤。

專家的直覺

丹．霍蘭（Dan Horan）是一名員警，儘管從事這行多年，但是仍然充滿熱情。他蹲守在洛杉磯國際機場，尋找毒販的蹤跡。毒販們帶著成千上萬美元現金到達洛杉磯國際機場，然後轉飛到美國的各個城市，將買來的毒品分發出去。一個夏天的夜晚，機場的候機大廳內擠滿了準備登機和接機的人，霍蘭就在擁擠的人群中走動，尋找可疑人員。他穿著短褲和運動衫，衣服下擺的開口設計剛好遮住他的手槍、手銬和對講機。沒有經驗的人絲毫察覺不出他是一名員警。

忽然，一個女人出現在他的視線裡，她從紐約甘迺迪機場來，身後拖著一個黑色拉桿箱，箱子的顏色是當下最流行的。[13]她不但經驗豐富而且非常謹慎，剛走出出口二十步就與霍蘭四目相對，那一瞬間，兩人都隱隱覺察到了對方來機場的目的，而且他們的直覺都是對的。霍蘭並沒有跟著她走下電梯，而是用對講機通知等在候機廳裡的搭檔。霍蘭和他的搭檔外表相差甚大，霍蘭才四十出頭，鬍子刮得很乾淨，而他的搭檔已經五十好幾了，稍有鬍渣。然而，當那個女人穿過旋轉門朝行李候領處走去時，仍然不到十秒就從人群中發現了霍蘭的搭檔，並識破了他的身份。

那個女人快步走出候機大廳，外面停著一輛福特越野車，一個男人從車上下來，走向她。那女人和他簡單說了幾句，似乎是提醒他有人在監視，然後轉過身去。接著，那個男人回到車裡，隨即開車走了，只剩她一個人面對員警。

這時，霍蘭的搭檔走到那個女人面前，出示了警徽，然後檢查她的機票。她盡力微笑，還一邊與員警閒聊，以掩飾自己的不安；可是，當員警問及她箱子裡裝的東西時，她做出一副被欺辱的樣子，拒絕搜查行李。由於她反應強烈，警察將她銬上了手銬，幾分鐘後，警犬在她的箱子外發現毒品留下的氣味。最後，法官下達搜查令，員警打開箱子，發現裡面有二十萬美元現金。據那個女人的說法，這些錢是用來購買大麻，然後運到紐約出售。霍蘭是如何憑藉直覺從幾百人中認出這個女人的？他也不知道。他能在人群中發現她，卻說不出她到底有什麼可疑的地方。他是如何從她的外表判斷出她就是毒販？霍蘭也是一頭霧水。

儘管霍蘭的直覺能在工作中幫到他，可是法律制度並不接受直覺。美國法庭往往忽視員警的直覺，要求他們掌握明確具體事實，才允許他們搜查、審問或緝捕。即便員警憑藉直覺攔下一輛車，找出非法毒品或槍支，並將這些情況上報，法官們還是駁回了申請，說「僅憑直覺」不足以構成搜查的理由。[14]他們要保護市民的人身自由，禁止任意搜查。可是，法官堅持以事實為依據的做法，忽略了好的判斷意見往往具有直覺的特點。結果，當員警在法官面前舉證時，他們已經學會不用「預感或直覺」這一類的詞，而是呈上「客觀」原因。否則，根據美國法律，所有跟在直覺之後的證據都會被否定，如此，嫌疑人也可能被判無罪。

許多法官會譴責員警們的直覺，可是他們卻相信自己的直覺。一名法官曾對我說：「我不相信員警的直覺，因為那不是我的直覺。」同樣，檢察官們也會先發制人，毫不猶豫地排除某個陪審員，只因為那人穿金戴銀、打扮隨便，或者看起來不太聰明。為避免出錯，司法系統需要先瞭解員警直覺的品質，也就是員警在辨識罪犯時的正確率。在其他行業，評價專家是否成功的標準也是根據表現，而不是根據那位專家事後提出的說明。就像雛雞性別辨識專家[15]、西洋棋大師、職業棒球運動員、獲獎作家和作曲家，就說不清自己是如何完成工作。許多技能是無法用語言描述。

直覺的無意識智慧

直覺真的存在嗎？前面四個故事顯示，答案是肯定的，而且一般人、專家都要依靠它們。直覺能解決的問題多不勝數：選擇伴侶、猜測複雜的問題、接住飛行中的球和偵查出毒販，以上這些只不過是一小部分。在更多的時候，直覺就是人生的方向盤。事實上，意識之焰所在的大腦皮層，裝載了各種無意識的流程。認為智慧必須是有意識的，這種看法是錯誤的。[16]對於自己的母語，一個人可以立刻說出某個句子的語法是否有誤，但很少人能說清其中的語法法則。我們所知道的，比我們所能言傳的多。

讓我進一步說明什麼是直覺。[17]直覺（gut feeling）、直感（intuition）和預感（hunch）這幾個詞語時常交替出現，表示的是同一種具有以下特徵的判斷：

1. 迅速出現在意識中的。
2. 我們不知道它的深層運行機制。
3. 其力量促使我們行動。

可是，我們能相信自己的直覺嗎？要回答這個問題，我們得將人分為悲觀主義者和樂觀主義者。一方面，佛洛伊德警告過我們：「對直覺抱有期待是種幻覺」；許多現代心理學家抨擊直覺，說它有系統上的缺陷，因為它忽略了知識，違背了邏輯法則，而且是許多人禍的起因。[18]我們的教育體系也否定直覺的價值。另一方面，一般大眾通常相信自己的直覺，同時，一些大眾書籍也大肆宣揚迅速認知的魔力。[19]根據這種看法，人們往往知道該如何行動，卻不瞭解其中原因。樂觀主義者和悲觀主義者最終都會認為預感通常是件好事，除了錯誤的預感之外。這個觀點是正確的，但是卻沒什麼幫助。於是，真正的問題，不是我們是否該相信直覺，而是什麼時候該相信它？為找到這個答案，首先我們必須弄清直覺的運作方式。

直覺中蘊含的基本原理是什麼？直至最近，這個問題的答案尚未可知。一些傑出的哲學家認為，直覺是神祕的、無法解釋的。那麼，科學能解開這個祕密嗎？或者說，直覺是無法被人理解的，是來自上帝的聲音、幸運的猜測或是第六感等超越科學解釋的極限。我在本書中要說的是，直覺並非衝動與隨想，它有其自身的原理。請讓我先說明哪些狀況不算直覺。許多實驗顯示，有意的推論反而導致比直覺更差的結果，比如之前的海報實驗，於是，一個大的疑問出現了：既然富蘭克林的損益計算法堪稱決策理論中的聖經，為什麼發揮不了作用？許多研究人員不去挑戰神聖的權威，而是轉而如此推斷：直覺無意識地運用了損益計算法，它用到了所有的資訊，且經過了最佳的權衡，而有意識的思維卻無法做到這些。[20]這些研究人員認為，正確的決策必須基於複雜的利弊權衡，如此才能確定決策。但是富蘭克林的道德代數法並不是我所認為的直覺，而且，複雜也不總是好的，這點我們很快就會看到。那麼，直覺是如何起作用的呢？其中的原理包括兩個部分：

1. 簡單的經驗法則。
2. 演化而來的大腦能力。

這裡，我會將口語的「經驗法則」與科學術語「捷思」視為同義詞。經驗法則與權衡利弊的道德代數大相徑庭，它只瞄準最重要的資訊，而忽略其他資訊。對於前面那個價值一百萬美元的問題，我們也知道其中的原理：是辨識捷思在起作用，它有趣的地方在於利用了人們一部分的無知。而關於接球，我們已經知道其中蘊含了凝視捷思的原理，它忽略了與計算球的軌跡相關的所有資訊。這些經驗法則使我們能夠快速行動，並充分利用了演化而來的大腦能力：辨識記憶和記錄移動物體的能力。這裡的演化一詞，並不表示某種純粹是先天所賜或後天培養而成的技能，而是自然賦予人類某種潛能，人類經過擴展練習，將潛能變成可實際運用的能力。若沒有這種演化而來的能力，這些簡單的經驗法則將無法運作；但若沒有經驗法則，僅憑演化而來的能力也無法解決問題。

迄今為止，人們對直覺的本質有兩種理解。其一是從邏輯的角度來看，認為直覺是用複雜的邏輯法則來解決複雜的問題。其二是從心理學的角度來看，認為它更依賴簡單的策略，而且利用了各種演化而來的大腦能力。富蘭克林的損益計算法展現了第一種的邏輯視角：對於每一次行動，列舉出所有結果，仔細權衡它們，然後選擇最具利用價值的那種。這一法則放到現在，就是「將預期效益最大化」。這種邏輯視角假設我們的思維像電腦般工作，卻忽視了我們的演化能力，包括認知能力和社交本能。但這些能力得來全不費工夫，而且能提供快速而簡便的方法，幫助我們解決複雜的問題。本書的第一個目標，就是說明潛藏在直覺下的經驗法則，第二個目標，則是分析直覺能否發揮作用的時機。無意識的真正智慧，就在於不必思考，就能瞭解哪些經驗法則適用於什麼情況。

我必須預告：我們在接下來的旅程中遇到的一些風景可能與理性決策的教條發生衝突。究竟什麼才是直覺，關於這點，我們有時會感到困惑或者懷疑，甚至直接否定無意識的智慧。邏輯以及與之相關的有意識體系已經壟斷西方哲學思想界太久。可是，邏輯畢竟只是思維可獲得的有用工具中的一種。在我看來，思維就是一個適應工具箱，裡面裝滿了由遺傳、文化和個人創造與傳承下去的經驗法則。當然，我的很多主張還在爭議之中，但我們仍可看見希望。美國生物和地質學家路易斯·阿加西（Louis Agassiz）曾在評論科學新發現時發表看法，他說：「人們首先會說它與《聖經》相衝突。接著，他們會說之前已有人發現它。最後，他們會說自己從一開始就對它深信不疑。」

我所寫的這些文字，都是基於我和其他馬克斯普朗克協會人類發展研究所成員及全世界同仁的研究。[21]我希望這本小小的書能激勵讀者加入我們，與我們一起開闢理性的新領域。

Chapter 2

少即是多

凡事應力求簡單。

——阿爾伯特·愛因斯坦（Albert Einstein）[1]

一所醫學院的附屬醫院小兒科在全美首屈一指。幾年前，醫院接收了一名二十一個月大的男童，我們就叫他凱文好了。[2]凱文的毛病非常多：氣色差、不與人交流、相對實際年齡來說體重過輕、拒絕進食、耳部還經常發炎。凱文七個月大時，他的父親從家裡搬了出去，母親也經常在外面開派對，有時候完全忘了餵他，或是逼他吃罐裝嬰兒食品和薯條。當時，一名年輕的醫生負責這位病人，不忍從這個瘦弱的孩子身上抽血，他也注意到，打過針後，凱文就拒絕進食。根據直覺，他盡量避免進行侵入性的檢查，而是給孩子創造一個關懷的環境。此後，孩子開始進食，他的身體狀況也有所改善。

然而，這位年輕醫生的導師，並不贊同他用這種非傳統的治療方法。最後，這位年輕醫生無法阻止診療儀器進入病房，而凱文也被交到了一群專家的手裡。

這些專家們各有其特定的診斷方法，強調醫生職責就是找出這個小男孩的病因。他們認為自己不能冒險：「如果他沒診斷出病因就死去，那我們就會聲名掃地。」接下來的九週，凱文接受了一套又一套檢查：照電腦斷層掃描、吞鋇檢查、數不清的組織檢查和血液培養、腰椎穿刺、超音波和其他臨床檢查。檢查出什麼結果了嗎？沒有！這一連串檢查之後，凱文又拒絕進食了。然後，專家們忙於應付營養不良和感染的併發症，凱文還沒來得及接受下一輪胸腺組織檢查，就死了。凱文死後，醫生們繼續檢查他的屍體，希望找出病因。

那孩子死後，一名住院醫生說：「為什麼會這樣？我們還曾一次替他打三種點滴！我們試過各種可能的診療方法卻無法找出病因。我們盡了全力仍救不回他！」

遺忘的好處

一九二〇年代的某一天，俄國一家報社的總編集合員工召開定期晨會。會上，他宣佈了當天的任務分配，內容包括一長串的事情、地點、地址和說明。交代任務時，總編發現一個新來的記者沒有做筆記，正要責備他不集中注意力，這時，令人驚訝的是，那個人一字不漏地重複了總編的話。這個記者的名字叫作史洛歇夫斯基（Shereshevsky）。

此事發生後不久，俄國心理學家盧力亞（Luria）開始研究史洛歇夫斯基神奇的記憶能力。盧力亞在他面前一次讀了三十個詞彙、數字和字母，並要他複誦。一般人能夠正確重複七項（或加減二）資訊，可是他卻全都記得。接著，盧力亞把數量增加到五十個、七十個，他都完全說對了，而且還能倒背如流。

盧力亞花了三十年的時間研究他的記憶，卻仍未有所突破。自第一次見面十五年後，盧力亞請史洛歇夫斯基再重複一次當年會議上那一串詞彙、數字和字母。史洛歇夫斯基靜下來，閉上眼睛，回憶當時的場景：他們坐在盧力亞的房間，盧力亞穿著灰色的套裝，坐在搖椅上對著他唸那一長串詞彙、數字和字母。然後，即使這麼多年過去了，史洛歐夫斯基仍然準確複述了那天的一長串序列。這在當時是一件非常離奇的事，史洛歐夫斯基成了著名的記憶術大師，他上臺表演，每一次表演都會接觸大量的資料，這些資料多到可以湮沒他之前的記憶。為什麼上天賦予他如此優秀的記憶力，而不是你我呢？

當然，如此無限量的記憶並非完美無缺。史洛歐夫斯基能點滴不漏地想起所有發生過的事情，不論是否重要。但是，有一件事是他那卓越的記憶做不到的，那就是：無法忘記。比如，他的記憶裡裝滿了童年的畫面，這些讓他感到非常不舒服，甚至懊惱。記憶裡裝滿了各種枝微末節，使得他無法進行抽象思考。他也經常抱怨自己辨識人臉的能力差。他說：「人們的臉在不斷變化，各種不同的表情讓我感到混亂，我很難記住這些面孔。」[3]他可以一字不漏地複述一則故事，但要他統整故事重點，卻是極為勉強。總之，若要他根據已知資訊，來完成更深層次的任務，比如理解隱喻、詩歌、同義和同音異義詞，史洛歐夫斯基或多或少有些吃不消。

他完全記得其他人可能忘記的細節，而且這些東西佔據了他的大腦，這些他無法擺脫的畫面和感覺，讓他無法進一步理解生活中所發生的事情主旨、抽象概念和含義。

記憶並不是越多越好。自盧力亞以來，一些傑出的記憶研究者們認為，我們記憶的「差錯」必然是一套適應環境需求體系的副產品。[4]照此觀點看來，遺忘有助於忽略大量生活細節，使大腦不致減緩對相關資訊的檢索，從而避免削弱了提取資訊、推斷和學習的能力。

佛洛伊德是適應性遺忘的早期提倡者之一。他認為，人們藉由壓抑那些不愉快的記憶和所引發的消極情緒，來強化心理防禦機制，即使長期壓抑會對我們心靈造成一定的傷害。心理學家威廉・詹姆士（William James）有著同樣的觀點，他說：「如果我們什麼都記得，那麼，大多數情況下，我們會如同什麼都不記得一樣不幸。」[5]好的記憶是有功能性的，並能預測哪些事物值得記憶。同樣的原理也被運用於電腦程式的檔案選單中，比如微軟的Word，它只列出最近曾開啟的檔案。這項功能是假設最近曾開啟的檔案，較有可能是使用者接下來還會用到的項目（圖2—1）。

然而，我們也不必論定記性之優劣。關鍵在於什麼樣的環境下，記性沒那麼好反而是好事，而又是在什麼環境下，我們需要最佳記憶？我把這歸為生態問題，因為這關係到認知如何去適應它的環境。

那麼，在什麼樣的世界裡，完美的記憶是優勢呢？是那種像史洛歐夫斯基一樣的專業記憶術研究者所在的世界。人們不需要抽象思考。在那個盛行完美記憶的哲學世界，凡事都是可以預測，在那裡，沒有什麼是不確定的。

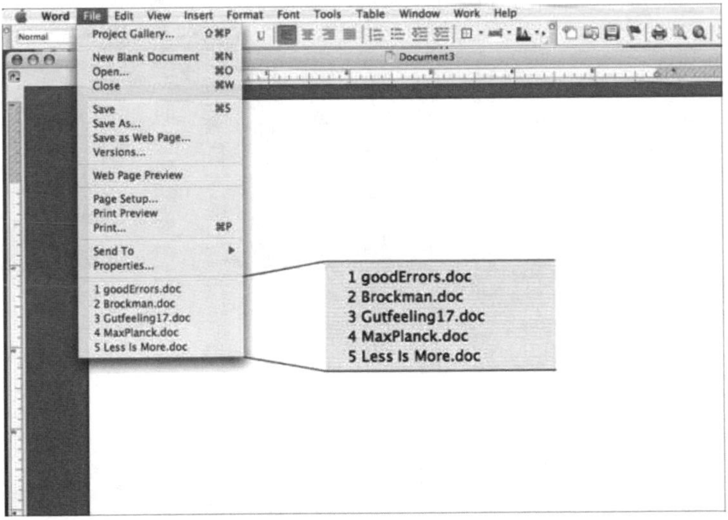

■ 圖 2-1 Word程式只保留最近打開過的文檔，並「忘記」其他檔案。這通常能讓使用者快速找到所需的檔案。

從小處著手的重要性

適應性遺忘的世界比我們想像的要大。對那些有著痛苦經歷的人來說，遺忘能讓他們減輕痛苦。對孩子們來說，遺忘似乎是語言學習所必需的。認知科學家傑佛瑞．艾爾曼（Jeffrey Elman）試圖利用擁有大量記憶容量的人工神經網路學習幾千個句子中的語法關係，結果造成網路癱瘓。[6]艾爾曼並沒有以增加更多的記憶容量來解決問題，反而是設定每學三、四個詞就讓它遺忘一個詞，也就是模仿孩子學母語時的記憶侷限。限縮記憶容量後的人工神經網路無法理解長而複雜的句子，但這樣的限制迫使它專注於簡短的句子，如此一來，它不但正確學習這些句子，還能掌握這些句子中的語法關係。接著，艾爾曼將神經網路中的有效記憶增加到五、六個詞。通過點滴積累，該網路最終學會了所有的句子，這是有著完美記憶能力的網路無法獨立做到的。

如果父母給孩子讀《華爾街日報》，只用其中複雜的詞語和他們說話，那麼孩子的語言發展會受到阻礙。做父母的在直覺上就明白這一點，他們用「嬰兒的語言」和孩子對話，而不使用有著複雜語法結構的句子。有限的記憶就像一個篩檢程式，父母一開始就在無意識中對孩子進行限制性的輸入，支持著這種具有適應效果的缺陷。

除了語言發展外，從小處著手在其他領域也非常有用。比如，一間剛起步的公司維持精簡人力和資金，會比一開始就投入大量資金和擴展組織更有利營運。同樣，如果一間公司給某人一筆鉅款讓他做某件大事，那麼，這項計畫很可能會失敗。「創造匱乏，循序漸進」這條原則在人類和企業發展中無疑是一個可行的選擇。認知限制有利也有弊。我們很容易列出適用從大處著手的情況，但認知限制本身並沒有什麼壞處，它們的好壞是由當前的任務來決定。

一個物種越複雜，它的嬰兒期就越漫長。人類是一個極端的例子，我們生命的大部分時間，身心靈都處在不成熟的階段。偉大的思想家愛因斯坦，將自己發現相對論歸功於遲鈍：「我的智力發展落後於普通孩子，所以我長大後才開始思考關於空間和時間的事。於是，相比有著正常能力的兒童，我對這個問題的思考會更深入一些。」[7]

投資直覺比最佳組合更有用？

一九九〇年，哈瑞．馬可維茲（Harry Markowitz）憑藉其開創性的最佳資產配置方案獲得了諾貝爾經濟學獎。他解決的問題，是每一個進行養老儲蓄和想要在股市賺錢的人都會面對的重要投資問題。假如你在籌措一筆投資基金，為降低風險，你不想將所有的雞蛋都放在一個籃子裡，那要如何分配這些資金呢？馬可維茲證明有一種最佳的投資組合，能使回報最大化、風險最小化。人們都認為他在規劃自己的退休投資時，肯定會用上自己獲獎的方法。可是他沒有。他只是運用了簡單的捷思——1／N法則：

將你的錢平均分配給N檔基金。

一般人會憑直覺平均投資。研究發現，有一半的人遵循著這樣的法則，如果只有兩種選擇，就將錢五五分，而大多數有著三、四種選擇的人也會將錢均等分開。[8]這種直覺難道不會太過愚蠢嗎？反過來看這個問題，最佳投資組合比1／N原則又好多少呢？最近的一項研究針對七個投資項目（大多是股票組合），對比了最佳投資組合和1／N原則。[9]其中有一個配置是，將資金分配到十檔標準普爾五百指數股票上，另一個是分配到十檔美國道瓊工業指數股票中。結果顯示，沒有一種最佳投資策略能勝過簡單的1／N法則。

為什麼就資訊和計算而言，少即是多？要瞭解這點，首先要明白那些複雜的策略是如何根據現有的資料進行計算的，比如過去的道瓊工業指數。這些資料可分為兩類：一是可用於預測將來的有用資訊，二是不可預測將來的武斷資訊或錯誤資訊。由於將來是未知的，所以幾乎不可能區分這兩類資訊，因此，運用複雜的策略往往無法排除一些武斷資訊。

然而，1／N法則也並非任何時候都勝過最佳投資組合。如果有長期積累的資料，那麼這些策略會發揮最大作用。比如，將某人的財產分成五十份，複雜的策略需要五百年，最終才能勝過1／N法則。相比之下，簡單的法則徹底拋開以前的資訊，這恰好避開了之前的錯誤資料。它靠的是平均分配的分散投資智慧。

名稱辨識捷思能勝過投資專家嗎？

是否有必要請投資顧問來教你買哪些股票？或者，省下諮詢和管理費，自己操作分散投資？專業顧問強烈警告投資大眾：如果想在股市裡獲利，就不能只憑自己的直覺，而要求助專業人士或者複雜的電腦程式。真是這樣嗎？

二〇〇〇年，《資本雜誌》（*Capital*）舉行了一場選股比賽，包括主編在內的一萬多人參加了比賽。此前，編輯已經列出如下規則：在五十種國際性網路股中隨意買賣，為期六週，獲取最高利潤者為勝。很多參賽者試圖獲取更多關於這些股票的資訊和內情，另一些人則運用先進的電腦挑選最佳的投資組合。在所有參賽的投資組合中，有一組別具一格。

這一組合是在「集體無知」的規則下建構的，沒有專家的知識，也沒有好用的軟體，我和經濟學家安卓亞·奧特曼（Andreas Ortmann）都主張這種方法。我們找了一些對股票一知半解，甚至沒聽說過那五十種股票的人。在柏林，我們隨機詢問了一百位路人，男女各五十人，問他們會選以上哪種股票。我們就名字最常見的十種股票列出了一個投資組合，並以長期持有的方案參與比賽，也就是說，自買入後，就不再修正持股比例。

不幸地，我們遭遇了股市低潮。不過，我們這個基於集體直覺的股票組合上漲了二．五個百分點。《資本雜誌》的主編是投資行家，他懂的比一百名路人的股票知識加起來還多，但是他的投資組合卻下跌了一八．五個百分點。我們的投資組合上漲的百分點，超過了八十八%的參賽者，並優於《資本雜誌》所設定的各種參數指標。我們還設計了一個對照組合，是由最不為人所知的十種股票所組合，它和主編的組合一樣糟糕。第二次研究的結果也大同小異，在這次研究中，我們仍然進行了性別的區分。有趣的是，女性知道的股票較少，然而，她們憑直覺選出的投資組合賺的錢卻比男性多。這一發現印證了之前的研究：女性投資知識不怎麼樣，但她們的直覺更好。[10]

在這兩項研究中，適當的無知比豐富的知識更有用。如財務專家所說，那只是一時好運嗎？正如沒有萬無一失的投資策略，名稱辨識法也不保證有用。我們進行了一系列的實驗共同表明，單是名稱辨識法的表現，就可與財務專家、一流的共同基金及大盤表現媲美。[11]你或許會問，我對集體無知的信心，是否強大到願意把錢投資進去呢？確實有一次，我花了五萬美元投資由那群什麼也不懂的路人列出的投資組合。六個月後，它上漲了四十七個百分點，比那些由財務專家操作的股市和共同基金更有成效。

一般大眾的「集體無知」為何能和資深投資顧問的策略相匹敵？富達集團麥哲倫基金的傳奇經理人彼得・林區（Peter Lynch）對外行朋友提出了這樣的建議：投資你所知道的東西。

人們往往會遵循這樣一個簡單的原則——買自己知道的品牌。這個原則只有在你或多或少懂得一點時才有效，意即在你聽說過一些股票，但卻不是全都聽說過的情況下。如果是專家，比如像《資本雜誌》的主編，就不能使用這一法則。單就美國來說，投資顧問們每年要賺大約一千億美元。然而，卻沒有明顯的證據表明，他們的預測能好過運氣。相反，每年有七十%的共同基金低於市場表現，而剩下三十%碰巧高於市場表現的共同基金，也未能年年超越股市變化。[12]然而，一般投資人、公司和政府仍付給華爾街顧問幾十億美元，期待他們回答「市場的走勢會怎樣？」這個大哉問。如身家億萬的金融家華倫・巴菲特（Warren Buffett）所說，股票預測專家的唯一價值，是讓算命師相較之下看起來沒這麼糟。

限縮選擇範圍

幾年前，我在堪薩斯州立大學（Kansas State University）舉辦了一場以迅速而精簡的決策方法為主題的講座。在一番熱烈的討論後，熱情的主辦方邀我共進晚餐。他並未告知我地點，於是我想，吃飯的地方一定很遠，我猜他是要帶我去一家特別的餐廳，說不定還是獲得米其林星等的餐廳。可是，堪薩斯州有這樣高級的餐廳嗎？實際上，我們確實去了一家非常「特別」的餐廳，雖然此特別非彼特別。這間名為布魯克維爾酒店的餐廳，擠滿了等候用餐的人，當我坐下看見菜單時，瞬間就明白主辦人為什麼要帶我來這裡。菜單上只有一道套餐，每天都一樣，沒別的選擇：半鍋炸雞，配馬鈴薯泥、奶油玉米、幾片蘇打餅和一球自製冰淇淋。用餐的人來自四面八方，他們為不用做決定而感到高興。餐廳對顧客的糾結了然於心，知道如何為他們準備唯一的晚餐，而且做得非常好吃！

關於少即是多，布魯克維爾酒店開創了先例——零選擇餐廳。紐約市推崇「選擇越多越好」，它的菜單就像百科全書，並沒有提供實用的點餐指南，在這點上，布魯克維爾酒店與它恰好相反。這種「選擇越多越好」的觀點不只影響菜單，它同時還成為一些行政組織和商業活動的利器。在一九七〇年代初，史丹佛大學提供了兩項投資股票和基金的退休計畫。大約在一九八〇年，又增加了一項，幾年後，增加到五項。到了二〇〇一年，他們已經有了一百五十七種選擇。[13]一百五十七種選擇真的比五種好嗎？選擇是好事，選擇越多就越好，這是全球商業的信條。理性決策理論認為，人們會衡量每一種選擇的成本與收益，然後選擇他們最喜歡的一種。選擇越多，就越可能做出最好的選擇，越能讓顧客滿意。可是人類的大腦並不是這樣運行的，人腦能消化的資訊是有限的，這種限制往往僅限於短期記憶容量，亦即前文提過的七項（或加減二）資訊。[14]

如果說，並不是選擇越多就越好，那麼，選擇多了，有壞處嗎？比如加州門洛帕克市（Menlo Park）的德爾格（Draeger's）超市，它是一家以食品種類眾多而聞名的高級超市，出售大約七十五種橄欖油、兩百五十種芥末醬和三百多種果醬。心理學家曾做了一個實驗，[15]在店內設置一個試吃攤位，桌上有時放六種果醬，有時放二十四種果醬。哪種情況下，顧客更可能會停下來試吃呢？

六十％的顧客會在選擇較多時停下來，四十％的顧客會在選擇較少時停下來。可是，什麼情況下，顧客真正會購買這些果醬呢？觀察發現，在有二十四種試吃選擇的情況下，只有三％的顧客會買一兩種果醬。然而，只提供六種果醬試吃時，高達三十％的顧客會購買。總之，當選擇有限時，購買產品的顧客是選擇更多時的十倍之多。消費者容易被紛繁的品種吸引，可是，更多的人會在選擇較少時購買。

選擇範圍有限也是好事。寶僑家品（P&G）公司將海倫仙度絲洗髮用品從二十六種減少為十五種，其銷量就增加了十％。與德爾格的營運方式迴異，全球連鎖超市艾爾迪（Aldi）就奉行簡單原則：少數散裝產品，價格便宜，提供最低服務量。而其產品的品質也為人稱道，且全程在監控之中。選擇的範圍小，顧客決策時就不用如此糾結。據《富比士》（*Forbes*）財經雜誌統計，艾爾迪超市擁有者艾伯瑞契

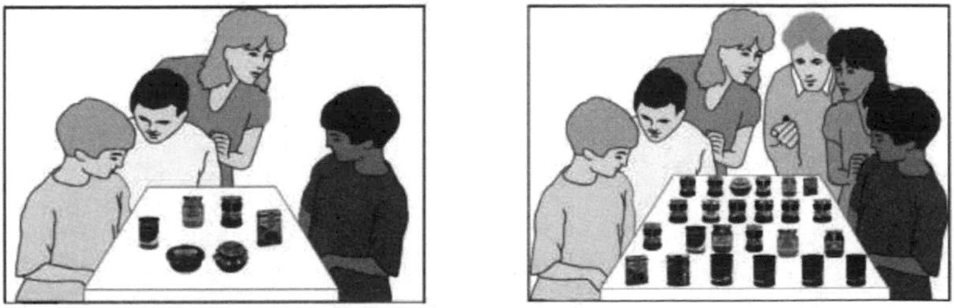

■ 圖 2-2　選擇越多，顧客買得越多？

（Albrecht）兄弟的財富，僅次於比爾．蓋茲（Bill Gates）和巴菲特。[16]

在感情方面，也是選擇越少越好嗎？有人進行了一項實驗，向一群年輕的單身人士分發網路交友資料，得出了同樣的結果。這些年輕人表示，比起四個人，他們寧願在二十個人中選。可是，研究發現，那些有更多選擇的人較容易覺得實驗過程變得沒那麼好玩了，而且非但沒有提高滿意度，反而更讓他們感到錯過良緣而有遺憾。[17]

運動選手的第一直覺反應

高爾夫球員在擊球的時候會經歷許多步驟：判斷球的路線、草地的紋理，以及到洞口的距離和角度；然後將球定位，再使肩膀、臀部和雙腳在目標左側成一線；再擺好姿勢。那麼，教練該如何指點球員呢？

「慢慢地，集中注意力，別因周圍的事而分心。」這樣指導如何？這對有的人來說，是有用的指點，可是對其他人來說，是多此一舉。然而，有關「速度—準確度取捨」（speed-accuracy trade-off）的研究顯示：任務完成得越快，準確度就越差。實際上，如果你叫初學者慢慢來、留心動作、集中注意力，他們會做得很好。可是，對於那些高爾夫球高手，你也會給出同樣的建議嗎？

在一項實驗中，分別將高爾夫球高手和「菜鳥」放在兩種情況下進行研究：一種情況是在三秒內完成擊球，第二種情況是完全不加時間限制。[18]如前面所說，在時間的壓力下，新手的表現要差一些，進球也要少一些。但令人吃驚的是，高手們在有時間限制的情況下，反而進球更多。在第二個實驗中，球員必須集中注意力在自己的動作上，或是讓球員被額外任務干擾（比如計算錄音帶播放出的節拍）。如人們所預期的，新手們在集中注意力時的表現，比分心後的表現好。而高手們則恰恰相反，當他們集中注意力在自己的動作上時，表現反而更差；當他們分散注意力時，表現卻更好。

我們如何解釋這奇怪的現象呢？高手們的技能，由大腦中的無意識部分執行，有意識的思考反而會成為干擾因素。設定時間限制是一種迫使人們不把思維集中在揮桿上的方法，提供額外任務也是同樣的道理。既然意識層面的注意力只能放在一件事情上，當意識專注在額外任務上時，便無法影響揮桿動作。

這種充裕時間反而降低選手表現的現象，而且並不僅限於高爾夫球運動。手球是一項團隊運動，球員們需要不斷地迅速決定該如何處理球。該傳球、投球、吊高球，還是做假動作？該把球傳給左邊的隊員，還是右邊的隊員？球員們不得不快速做決定，但如果有足夠的時間深思，他們是否會做出更好的決定？

在一項由八十五名年輕、技巧豐富的球員參與的實驗中，每位球員被要求站在大螢幕前，身著隊服，手拿比賽用球，觀看螢幕上播放的高水準比賽畫面，[19]每個影片約十秒左右，最後定格。研究者要求球員將自己想像為場上那名帶球選手，在定格時，儘快說出頭腦中即時閃現的最佳反應動作。在經過直覺判斷之後，研究者又要求球員重新觀看定格畫面，並盡量提出更多的可能應對方案。比如，可能倉促之間，沒有注意到某個潛伏在某側的隊友，又或是其他剛才忽視的細節。最後，在大約四十五秒之後，研究者要求每位球員給出他們認為的最佳反應策略，結果表明，大約有四十%的事後決策，會和球員的第一反應不同。

為了衡量事後決策的效果，研究者請專業教練來評價球員針對影片中提及的所有反應選擇，判斷這些策略的品質。如果按照「速度—準確度取捨」的假設：

時間越多，球員選擇的決策越好，因為他們獲得了更多資訊。然而，如同高爾夫球專家的例子，對高水準選手來說卻恰恰相反。球員有時間去分析，反而不能得出更好的選擇。相反地，他們的直覺反應，比經過思考的決策更好。

直覺為什麼會如此成功呢？圖2－3會告訴我們答案。球員們在腦中浮現的反應動作之順序，直接反映出了這些反應動作的優劣：第一個反應優於第二個反應，第二個反應比第三個好，以此類推。有

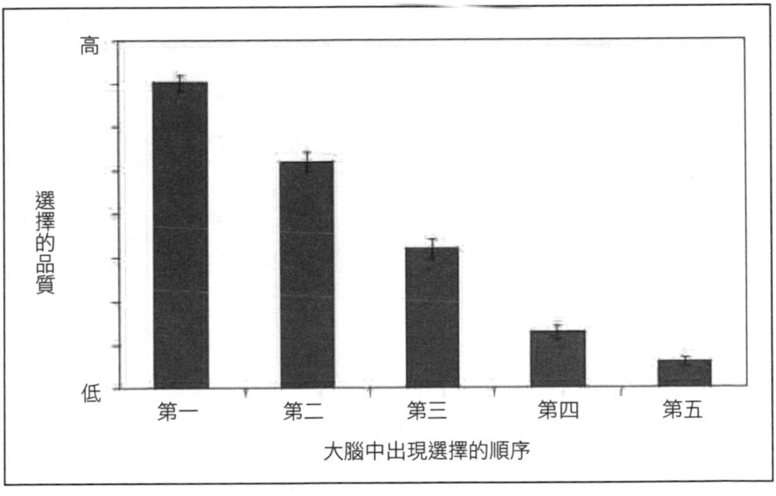

■ 圖 2-3　有經驗的球員在出手時有更多的時間思考，結果會好一些嗎？頭腦中最先反應出的選擇往往就是最佳選擇，其他都不如第一反應好（請參考Johnson and Raab, 2003）。因此，讓有經驗的球員遵循自己的第一直覺才是好的建議。

越多的時間思考其他選擇，反而會讓品質差的選擇有更多機會出現。

有經驗的球員具有一大特徵，那就是能在第一時間做出最佳選擇。相反，對於那些沒有經驗的球員來說，則需要更多的時間和思考。最佳的選擇往往最先出現，這點展現在很多領域的專家身上，比如消防員和飛行員。[20]

「速度─準確度取捨」是心理學家確立已久的「越多越好」原則之一。可是，這一早期研究是以沒有經驗的學生為對象，我們也已看到，「越多越好」並不適用於那些有經驗的專家。在這些例子中，想得太多，反而會拖累甚至顛覆自身的表現（想想繫鞋帶的時候）。在無意識的情況下，才會有最好的表現。如果你經驗豐富，那就別多想了。

著名的鋼琴家格倫．顧爾德（Glenn Gould）計畫在安大略省（Ontario）的金士頓市（Kingston）彈奏貝多芬的第一〇九號作品。如往常一樣，他先把樂譜讀過一遍，再開始彈奏。然而，在音樂會開始的前三天，他遇到了嚴重的心理障礙，無法流暢地彈出一段曲子。絕望之餘，他使用了比高爾夫球員更誇張的注意力分散法。他打開吸塵器和收音機，還把電視也打開，它們的吵鬧聲使他根本聽不到自己的琴聲。結果，他的心理障礙消失了。

在體育競賽上，我們可以有意地運用同樣的方法從心理上削弱對手。比如，在交換場地時，問對手今天的正手拍為什麼打得這麼好。如此一來，他會開始思考自己的動作，這就削弱了他正手拍的能力。[21]在體育運動、緊急事件和軍事行動中，需要迅速而精簡的決策，因為長時間的思考可能輸掉比賽或者一命嗚呼。

另外，我之前還注意到一款電腦遊戲，講的是一九四二年美國在太平洋戰場的祕密行動。其中有一幅廣告畫面是兩個海軍陸戰隊員走在路上，前方的路被迷霧遮住，那裡有樹和灌木，路上還有一座木橋。前方標示了四個方向，然後出現一個問題：「敵人藏在哪個方向？」仔細分析了四種地形後，我才看到畫面上倒著寫的答案：「你花的時間太長，你已經死了。」

並非多多益善

直覺所能依據的資訊少之又少。所以，在我們的「超我」（superego）看來，它們是不值得信任的，因為我們的超我已經將「越多越好」這種信條內化了。然而，那些實驗揭露了這個驚人的事實：有限的時間和資訊能改善我們的決策。

「少即是多」的意思是，在某種情況下，時間、資訊或者選項越少越好。它並不是說，少一定就好。比如，如果沒得選擇，那麼我們就無法運用辨識捷思。反之，相較於面對二十四種果醬，人們在面對六種果醬時購買量更多，但這並不意味著只有一兩種選擇時，人們會購買得更多。選項的多寡處在一個中間水準時，才能取得最佳效果。在我們的文化中，「少即是多」與以下信念相矛盾：

資訊往往越多越好。

選擇往往越多越好。

這兩種信念以不同的形式存在著，看似不言自明，因此很少有人明確地提到它們。[22]當資訊並非免費的時候，經濟學家解釋了這種例外情況：資訊越多越好，除非進一步獲取資訊的代價會超出預期效益。然而，我的觀點更為激進。即便資訊是免費的，也會存在資訊氾濫造成危害的情況。記憶，並不是越多越好。時間，也不是越多越好。更多的業內知識，可以做為後見之明，用以分析之前的市場，但卻不能用來分析未來的市場。

在以下這些情況中，「少」確實是「多」：

1. **適當的無知**：辨識捷思證實，直覺可勝過大量的知識和資訊。
2. **無意識運動技能**：對於訓練有素的專家來說，直覺是基於一種無意識技能，而過度思考就會阻礙這種技能的施展。
3. **認知限制**：我們的大腦天生具有一些機制，比如遺忘和從小處做起，保護我們避免處理大量資訊時可能產生的危險。如果沒有認知限制，我們就不能像現在這樣睿智幹練。
4. **自由選擇的矛盾**：擁有的選擇越多，就越容易陷入矛盾，進而越難對比那些選項。產品和選擇越多，到了一定的程度，會同時對買家和賣家造成傷害。

5. **簡單的好處**：在一個不確定的世界裡，簡單的經驗法則不但能預測出複雜的現象，甚至能比複雜的方法做得更好。

6. **資訊成本**：正如前述教學醫院的兒科醫生，提取太多的資訊會對病人造成傷害。同樣，在工作和處理人際關係時，過分好奇容易破壞別人對你的信任。

前面的五種情況是「少即是多」的典型例子。即便外行人獲得了更多的資訊，或者專家有了更多時間，又或者我們的記憶保留了所有的感官資訊、公司生產出更多種類的產品，而且這一切都不需要額外的費用，但是，總的來說，他們會表現變得更糟。

最後一項例子中有著一種取捨關係，那就是：進一步研究需要代價，所以少量的資訊就變成了更好的選擇。連續的診斷對小男孩造成了傷害，也就是說，傷害他的並不是最終得出的結果，他付出的是身體和心理上的代價。

好的直覺往往善於忽略資訊。源於經驗法則的直覺，能從複雜的環境中過濾出寥寥幾條資訊，比如前述的熟悉品牌名稱和一致的注視角度，它會忽略其他的資訊。這到底是如何運作的呢？

下一章我們將會詳細地分析這一機制。

Chapter 3

直覺如何快速決策

我們應該養成思考自己行為的習慣，這樣的陳腔濫調是極其錯誤的，可是許多書籍和名人反覆強調這一點。實際情況恰恰相反，文明的進步，展現在我們可在不經思考的情況下，就可以執行越來越多重要活動的能力。

——阿弗烈．諾斯．懷海德（Alfred North Whitehead）[1]

查爾斯．達爾文（Charles Darwin）認為，蜂巢營造藝術是「所有已知本能中最奇妙的」。[2]他認為這是從比較簡單的本能，經過無數連續的、細小的改變所演化而來。我相信，認知的演化也是以同樣的方式進行的，它依靠的是「本能」的適應工具箱，我把它稱為「經驗法則」或者「捷思」。許多直覺習慣，從感知到相信，再到欺騙，都可以描述成這些簡單的機制。它們幫助我們超越既有資訊，引導我們克服人類智慧的首要挑戰。[3]讓我們先談談眼睛和大腦是如何在無意識的情況下運作的。

自動進行「腦補」

亨利八世（Henry VIII）是出了名的以自我為中心、生性多疑的統治者，他經歷了六段婚姻，有兩任妻子因為叛國罪被處死。他吃飯時最喜歡的娛樂，就是閉上一隻眼睛「砍」賓客的頭。你想試一下嗎？閉上你的右眼，盯著位於圖3－1右上方的笑臉。把書拿到離你大約二十五公分遠的地方，然後將書慢慢拿近，再拿開，讓你的左眼一動不動地盯著上面的笑臉。過一下子，左邊的哭臉會消失，就像被砍了頭一樣。為什麼我們的大腦就像斷頭台一樣呢？其實，哭臉消失的地方就對應著人眼視網膜中的「盲區」。

眼睛就像照相機，有一個引導光線的鏡面，並由此將外界的圖像投射在視網膜上。視網膜上的感光細胞就好比相機的底片。但與底片不同的是，它裡面有一個洞，視神經就通過這個洞將訊息傳送給大腦。又因為這個洞本身沒有感光細胞，所以在這一區域處理的物體就無法被看見。因此，如果你閉上一隻眼往四周看，你可能認為自己會看到一片空白，這就是對應的盲區。事實上，你什麼也看不見，是我們的大腦憑藉猜測，「填充」了這片空白。以圖3—1來說，大腦的最佳猜測是「白色」，因為周圍都是白的。正是這種猜測使哭臉消失了。亨利八世也是如此，藉由將客人的頭置於他眼睛的盲區，「砍掉了」他們的頭。

接下來，用你的大腦做一些比砍頭更有意義的事。閉上你的右眼，看著圖3—1下方的笑臉，然後慢慢將書拿近，再拿開。你會看見，左邊那把壞掉的叉子奇蹟般地修好了。這時，大腦又根據周遭的資訊做出了最佳猜測：出現在盲區左右的兩段長條物體，極有可能是

■ 圖 3-1 眼見並不為真。閉上你的右眼，盯著最上面的笑臉。將書拿近，眼睛不要移動；過一下子，左邊的哭臉會消失。重複這個步驟，看下方的笑臉。過一下子，你的大腦會將左邊的叉子修好。這個創造性的過程說明，知覺的本質就是一場無意識冒險，而非真實的畫面。

同一物體從此端拉長到另一端。如同上面砍客人的頭一樣，這些推斷都是無意識的。我們的大腦不停地推斷著世界。若沒有這些推斷，我們只能見樹不見林。

演化大可創造更好的設計，使視神經從視網膜的後方，而不是從光感受器的表面穿過。它的確可以，但並沒發生在我們身上。章魚就沒有盲區，牠將資訊傳送到大腦的細胞位於視網膜的外部，這樣就不用從視網膜中間穿過了。即便演化比較鍾愛人類而非章魚，可是上述觀點的重點還是不變的，這點我們將在下一部分說明。好的知覺系統會覺察到資訊以外的事，它要「發明」事情。你的大腦看到的，比你眼睛看到的多。所謂智慧，意味著冒險一試、承擔風險。

我相信，直覺判斷和知覺判斷的運作方式是相同的。當資訊不充分時，大腦就根據假設，將事情臻於圓滿。不同的是，直覺比知覺靈活。首先，讓我們看一下，知覺推論是如何進行的。

無意識推論

為進一步瞭解我們的大腦是如何推斷「已知資訊以外的事」，請看圖3—2左邊的圓點，它們看起來是從表面往下凹下去小坑洞；而右邊的圓點則是凸起的。但把書倒過來時，兩張圖的凹凸狀態互換了。為什麼我們會將這些圓點看成凹或凸呢？

這個例子的答案，仍然是因為我們的眼睛並沒有獲得足夠資訊來確定事物的真實狀態。可是大腦並沒有被這種不確定麻痹。大腦可以根據環境的結構，或大腦所假設的結構，冒險下賭注。大腦假設了一個三度空間世界，運用圓點的陰影資訊，大膽猜測這些圓點在三度空間的延伸方向。為了得出最佳結論，大腦假設：

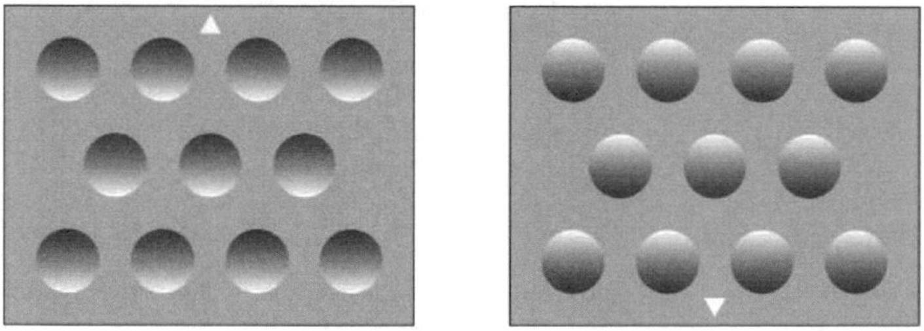

■ 圖 3-2 無意識推論。我們的大腦自動推斷左側圖中的圓點是凹進去的，右側圖中的圓點則是凸出的。然而，如果把書倒過來看，就會發現原本凹進去的圓點凸出來了，另一張圖亦是與原本相反。

1. 光從上方來，且
2. 只有一道光源。

這是人類（哺乳類）演化過程中的重要特徵，在人類歷史上，太陽和月亮是僅有的兩種光源。第一種規律也大約類似於如今的人造光，大部分位於我們的上方，儘管也存在例外（比如車燈是迎面而來）。大腦探索少量資訊背後的故事，並且運用簡單的經驗法則去適應這些假設的構成：

如果陰影在上方，表示圓點凹陷到表面之下；如果陰影在下方，圓點很可能凸出表面。

想想右邊的圓點。上半部較亮，下半部較暗。於是，大腦無意識地推斷：這些圓點上半部照到較多光線，因此圓點很可能是往觀察者方向凸起；相反地，左邊的圓點是上半部暗，下半部較亮，大腦因此無意識地推斷它是向下凹進去的。當然，這些假設都不是有意識的，所以偉大的德國生理學家赫爾曼・馮・亥姆霍茲（Herman von Helmholtz）才把它稱作「無意識推論」（unconscious inference）。[4]無意識推論運用先驗世界觀將感覺得來的資料編織起來。然而，無意識推論是如亥姆霍茲和維也納心理學家埃貢・布朗斯維克（Egon Brunswick）認為可以通過後天習得，還是像史丹佛大學心理學家羅傑・薛帕德（Roger Shepard）和其他人贊同的那樣，是演化而得，人們對此仍爭論不已。

這些無意識知覺推論的力道，強到足以使我們完全可以據以行動。但和其他直覺判斷不同的是，它並不具任何彈性。它是由外部刺激自動觸發的，而這種自動觸發的心理歷程，不會因為內部或者外部資訊的變化而發生改變。即便現在我們對直覺如何運作有所認識，也無法改變我們的視覺。當我們將書倒過來，仍然會看到凹下去的圓點突然凸出表面。

如果所有的推論都如生理反射一樣自動，那麼人類也不會被叫作智人了。如我們所見，其他經驗法則具有無意識知覺判斷的優勢——迅速、簡明、適應環境，可是它們的運作方式卻非完全自動。儘管本質上是無意識的，但它們可進行有意識的干預。想想孩子們是怎麼判斷別人的意圖的。

解讀心智

從小時候開始，我們對別人的意圖、要求，和他們對我們的看法都有所感知。可是我們是如何獲取這些感知的呢？

我們讓一個孩子看一幅示意圖，上頭畫有一張人臉，人臉的周圍是幾塊誘人的巧克力（圖3—3）。[5]然後問：「這是我的朋友查理，他想要其中一塊巧克力，你知道他想要哪一塊嗎？」

孩子怎麼可能知道查理的念頭？可是，幾乎所有的孩子都會立刻指向同一塊——上面寫著「Milky Way」的巧克力。相比之下，患自閉症的孩子就無法完成這個任務，甚至其中許多孩子會任性地選擇自己喜歡吃的。

為什麼一般的孩子能清楚地感覺到查理想要哪一塊，而患有自閉症的孩子感覺不到呢？

原因在於，沒有患自閉症的孩子會自動進行「心智解讀」（mind reading）。進行心智解讀的人能從最細微的線索著手。他們無意識地注意到查理的眼睛盯著那塊「Milky Way」巧克力，所以推斷出他想要這一塊。然而，關鍵的一點是，當患有自閉症的孩子被問及查理在看什麼時，他們卻能夠正確回答出來。

自閉症孩子表現不如其他孩子的地方在於，無法進行從「看著」到「想要」的自然推論。

> 如果某人看著某個選項（花的時間比看其他選項長），很可能這就是他想要的。

對於那些沒有患自閉症的孩子來說，這樣的心智解讀不費力氣，並且自動運作。這種能力是一般孩童所擁有的常識心理學（folk psychology）的一部分。根據眼神判斷意圖的能力，似乎來自我們大腦的顳上溝（superior temporal sulcus）。[6]

■ 圖 3-3 查理究竟想要哪塊巧克力？

對於患有自閉症的孩子來說，這種本能無法正常運作，他們似乎不明白別人是怎麼想的。用天寶・葛蘭汀（Temple Grandin）——一個患有自閉症的畜牧科學女博士的話說，大多數時候，她感覺自己就像「火星上的人類學家」。[7]

就像知覺的無意識推論一樣，這個根據眼神推斷意願的簡單規則，也是我們基因所固有的，不需要另外學習。然而，與知覺規則不同的是，這種推斷不是自動的。如果我有理由相信查理想要欺騙我，那麼，我的推論便隨之改變。我可能還會認為查理故意誤導我，好讓他最後能拿到他真正想吃的巧克力。

有些經驗法則深植在基因中，且通常是無意識地運作，但必要時也可由意識自主控制。實際上，患有自閉症的人偶爾會有意識地運用這些經驗法則來解讀他人心智的祕密。葛蘭汀表示，她時常必須以認知心理學家的方式，努力找出一般人經常使用，但卻無法說明的無意識法則，然後她才能以使用外語的方式，有意識地使用這些法則。

是什麼讓直覺發揮作用？

直覺似乎很神祕、難以解釋——大多數社會科學家都會避開它們。即便那些主張迅速決策的書籍也不會去探究直覺的起源。經驗法則能給出答案。它們是無意識的，但可被提升至有意識的水準。最重要的是，它們是演化而來的大腦和環境所固有的。我們利用演化而來的大腦能力，和隱藏在環境裡的結構、經驗法則及其產物——直覺感受，才能成功地解決各種問題。讓我們看看下列有關直覺的理論架構。

- **直覺是我們所經歷和體驗到的東西**。它們迅速出現在我們的無意識中，我們都還沒完全清楚自己為什麼會出現直覺，但已經準備好利用它們了。
- **經驗法則產生直覺**。比如，心智解讀捷思告訴我們其他人的意願，辨識捷思讓我們感覺該信任哪一種產品，而凝視捷思引導我們向哪個方向跑。

- **演化而來的能力是經驗法則的構成元素**。比如，凝視捷思利用了追蹤物體的能力。與機器人相比，人類更容易在複雜的背景下追蹤移動物體；嬰兒在三歲的時候就開始注意移動的目標了。[8]因此，凝視捷思對人類來說很簡單，但對現代機器人來說卻不然。
- **環境結構是經驗法則能否成功解決問題的關鍵**。比如，辨識捷思利用了這些背景脈絡：用名稱辨識來判斷產品

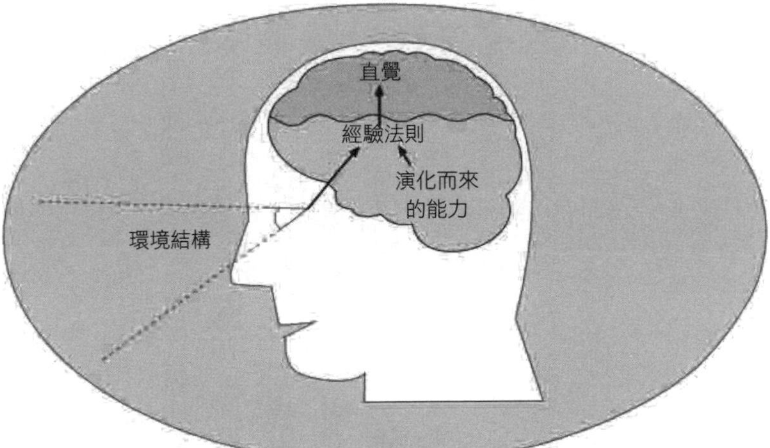

■ 圖 3-4　直覺如何發揮作用？直覺依靠無意識的經驗法則，迅速出現在意識中。它是演化而來的大腦能力和環境所固有的。

品質和城市的大小。直覺本身無好壞、理性與非理性之分。它的價值在於經驗法則運行的脈絡。

自動觸發的規則，類似前文對陰影深度的推論，以及一些更為彈性的法則，比如認知和凝視捷思，都是根據這個過程進行的，但兩者之間有一個很大的不同。自動法則適用於過去的環境，無須評價它是否適合於現在。一旦出現刺激物，這一法則很快就被觸發。自古以來，生命已經習慣存在於這種不需心智介入的狀態下。相比之下，彈性規則必須迅速評估規則適用的情況。如果一條法則無濟於事，還可以選擇另一條。「無意識智慧」這個短語，就代表這種快速的評價過程。大腦掃描研究顯示，這個過程與腦前額葉近中央內側皮質區（anterior frontomedian cortex）緊密相關（見第七章）。直覺看似簡單，但其潛在的智慧，是為特定環境選擇適當的經驗法則。

從兩種經驗法則了解行為互動

如社會科學中的其他方法一樣，有關直覺的科學也試圖解釋和預測人類的行為，但除此之外，它與其他諸多研究取向完全不同。直覺和經驗法則所提供的解釋，不同於固定不變的個性、喜好和態度。如之前提到的，它們之間的主要不同在於，經驗法則不僅和大腦有關，也和環境構成有關。我們把這種解釋行為的方法叫作「適應取向研究法」（adaptive approach），該方法假設人們的行為在與環境互動同時，也以彈性的方式發展。比如，演化心理學在研究當今人類的習慣時，便從過去的人類演化環境著手，以便瞭解現代人類的行為。[9]布朗斯維克曾將思維和環境，比喻為一對熟悉彼此生活習慣的夫婦。在這裡，我將利用他的比喻，來說明內在解釋和適應解釋的不同。

我先區分出兩種夫妻的相處模式：深愛並照顧彼此，與憎恨且傷害彼此的模式。我以兩對夫婦為例，「和睦型夫婦」和「摩擦型夫婦」，假設他們在其他生活方面都很相似，差別在於「和睦型夫婦」琴瑟和鳴、溫暖、相互關懷、相處融洽，而「摩擦型夫婦」經常打架、大吵大鬧、辱罵對方、處在分裂邊緣。

我們如何解釋這兩對之間的差異？

人們對此的廣泛解釋是，每個人都有一套信念和欲望，這就是他們行為的基礎。比如，「摩擦型夫婦」也許具有施虐衝動，他們似乎以傷害對方為樂，且想將這種樂趣最大化。或者，這夫婦倆並沒有這樣的想法，只是沒有計算好該有怎樣的行為而已。第一種是理性的解釋，第二種是非理性的解釋，但兩種情況都暗含了這樣的假設，那就是：人們會進行心理運算來決定行為，而這種運算就有如富蘭克林的損益計算法。第三種解釋是從個人特點和態度著手，比如，火爆的脾氣，或者對異性的輕蔑態度。以上三種解釋，都是在當事人個人的心靈中尋找其行為的原因。人格理論探究人的特點，態度理論探討心態，認知理論則注重機率和效益，或者價值觀和欲望。

從內部解釋行為，不去分析外部環境，這種做法就是犯了所謂的「基本歸因謬誤」。社會心理學家們曾在一般人身上發現這種傾向，但同樣的錯誤也出現在他們的解釋中。一個在股票市場中擔負資金風險的人，和一個在約會時冒著人際關係風險，或是在爬山時承擔身體風險的人是不一樣的。我們之中，很少人會熱中於所有冒險活動。當我還是學生時，我喜歡研究人格和態度，但研究得並不順利，多半無法預測行為，而這並非毫無理由：專注在固定人格和心態的研究觀點，忽略了智人善於適應環境的特性。出於同樣的原因，知道人類的基因組並不代表瞭解人類的行為；社會環境也會產生直接的影響，甚至可能影響到DNA對於激素的激發作用。[10]根據布朗斯維克的觀察，要瞭解妻子的行為，首先得觀察丈夫的行為，反之亦然。

適應性理論強調想法與環境之間的關係，而不僅關注想法。[11]這能改變「和睦型夫婦」和「摩擦型夫婦」的故事嗎？在這裡，我們需要想一想，經驗法則和環境結構的互動關係。他們夫妻行為的基礎是什麼？這裡舉一個被稱為「以牙還牙」的經驗法則：

> 第一次互動時採取寬容態度，然後記住上一次的互動，再模仿對方的最後一個行為。

假設「和睦型太太」無意識中在使用這個經驗法則，而她正試著和丈夫一起完成一項任務（照顧第一個寶寶，一起買衣服，或者準備晚餐和洗碗）。「和睦型夫婦」一開始對對方都非常寬容。接下來，她模仿他的行為，然後他模仿她的。結果，兩人形成了一種長期的和諧關係。「記住上一次的互動」的意思是，我們只記住並模仿最後一個行為（不管好與壞）。如果對方願意忘記之前的錯誤，那麼關係會變好，但如果一味抓住過去的錯誤不放，關係就始終維持緊張。在這個例子中，遺忘意味著原諒。

最重要的是，由於社會環境不同，同樣的經驗法則可能導致相反的行為，不論行為好壞。如果「和睦型太太」嫁給一個「經常對妻子發脾氣，得讓她明白誰才是老大」的男人，那麼她的行為會倒轉過來。受丈夫惡劣行為的影響，她對他也會變得惡劣。行為模式並不僅是人格特質的反射，它還是一個人對環境、行為的適應反應。

如果夫妻繼續遵循以牙還牙的原則，不犯錯誤，那麼它會發揮最佳效果。假設「摩擦型夫婦」直覺上也遵循以牙還牙的原則。一開始，他們也非常關心對方，可是「摩擦型先生」一氣之下說了不好的話，從此以後，他們之間就開始沒完沒了的相互打擊。「摩擦型太太」受了傷，所以她回以同樣的傷害。「摩擦型先生」下次又回擊過來，如此反覆。此時，也許早已忘記最初引發爭執的原因，可是他們已經被困在一種無止境的行為模式中。「摩擦型先生」覺得對方要為惡意行為負責，反之亦然。那麼，「摩擦型夫婦」如何停止這種遊戲，或者一開始就不玩這種遊戲呢？他們也許可以遵循一種更寬容的「兩報還一報」原則。

第一次互動時採取寬容態度，記得上兩次的互動，只有在對方連續兩次做不好的事，你才開始不合作，否則你就繼續寬容。

根據這個原則，如果他故意罵她，她會再給他一次機會。只有這種行為連續發生兩次，她才反擊。兩報還一報的方法，對於那些其中一方並非惡意做出不理智行為的夫妻更加有效。但是，這種寬容很容易受傷。比如，一個男人某天晚上喝醉了酒，打他的妻子，第二天他又非常後悔，於是變得非常溫柔體貼。如果她心裡想兩報還一報，那麼她不會生他的氣。狡猾的男人會有意無意地長期重複這個遊戲，充分利用她的寬容。在這種情況下，妻子只要改用以牙還牙原則，便能防止再被利用。

當互動人數多於兩人、且每人都能採取多種行為法則時，以牙還牙簡單經驗法則表現如何呢？美國政治學家羅伯特．艾斯羅德（Robert Axelrod）辦了一場聲勢浩大的電腦程式賽局，在比賽中讓十五種策略較勁，再將每個回合的勝負加總。最終獲勝的戰略，就是最簡單的以牙還牙法則。[12]實際上，複雜的策略反倒最為失敗。艾斯羅德甚至計算出，如果兩報還一報的策略也參與這個賽局，會是最成功的策略，因為這個法則避免了數回合的相互報復。

這樣說來，兩報還一報是不是比以牙還牙好呢？絕非如此。就像在現實生活中一樣，不存在最佳策略，而是必須取決於其他玩家的策略。艾斯羅德進行第二場比賽時，著名的演化生物學家約翰．梅納．史密斯（John Maynard Smith）使用了兩報還一報的戰略。可是這種心胸寬大的策略並沒有幫助他取勝。受到其他卑鄙的策略壓迫，它的排名大幅落後。所以，最後贏的還是以牙還牙策略。這個策略的智慧在於其構成元素中。一般而言，合作、遺忘、模仿都是有益的。更重要的是，它們的組合更加有益。如果遵守《聖經》裡的「不予反抗」，那麼，結果可能是被人利用。

本章討論的知覺法則，包括模仿他人，以牙還牙也是大腦演化而來的能力，這些能力不同於人格特質，而是經驗法則構成的元素。接下來的兩章，將分別探討這些能力和大腦以及環境之間的互動關係。

Chapter 4

大腦的神奇演化

如果我們無故放棄，或因找不到理由而放棄做所有的事……
那麼我們很快就會滅亡。

——弗里德里希．海耶克（Friedrich Hayek）[1]

據說，前第一夫人芭芭拉．布希（Barbara Bush）曾說過：「我嫁給了我第一個親吻的男人。當我把這件事告訴孩子們時，他們笑得差點吐出來。」聽到這番話，我們可能也會笑。她應該考慮其他的追求者嗎？她並不是第一個這樣做的人，三分之一的美國人，包括生於一九六〇年代以及七〇年代初的人，都與初戀結了婚。[2]婚姻顧問常常不贊同人們與第一任或第二任約會對象結婚，面對如此重要的決定，他們建議有計畫地尋找更多選擇和累積經驗。同樣，經濟學家們也感嘆人們選擇伴侶時不夠理性。每當我聽到有人說這樣的話，我就會問對方是如何尋找伴侶的。他說：「哦，我可不一樣！」然後講述一個在聚會上或在自助小餐廳偶遇的愛情故事：第一次體驗到興奮，經歷了害怕被拒絕的擔憂，好像生命就是以對方為中心，而且有一種直覺，知道對方就是自己要找的人。這些愛情故事的行為模式，似乎和購買相機或冰箱時，認真考慮各種選項沒什麼共通之處。

迄今為止，我只遇到過這樣一個人，他是一名經濟學家，他說自己是按照富蘭克林的方法選擇伴侶的。他坐下來，用鉛筆列出所有可能的伴侶以及他能想到的一切結果（比如，結婚後她是否依然聽他的話、照顧孩子、讓他安心工作等）。接著，他用數字來表示每一個結果的效用，然後計算每一種結果變成現實的機率。最後，他將效用與機率相乘，再把它們相加。最終，他娶了那個預期效益最高的女人，當然他沒有讓她知道這個策略。然而，他現在離婚了。

在我看來，重要的決定——選擇伴侶、工作和人生安排，並不僅是我們想像中的優劣利弊那麼簡單。在做決定的時候，還有其他因素需要考慮，而且是非常重要的因素——我們演化後的大腦。大腦為我們提供演化了千年的心智能力，可是有些關於理性決策的標準教科書卻嚴重忽略了它。這些演化而來的能力是做許多重要決定時必不可少的，能防止我們在重要的事情上犯下大錯，包括信任、想像和感受到愛之類情緒的能力。但這並不代表沒有信任和愛，生物就無法正常運作。許多爬蟲類甚至不存在舐犢之情，新生的幼小動物還要躲起來，以防被親生父母吃掉。那樣的生存之道確實存在，不過我們人類並非如此。

要瞭解人類行為，我們需要明白，人類演化後的大腦能讓我們以自己的方式解決問題，並且是與爬蟲類和電腦晶片不一樣的方式。我們的孩子不需要在出生後躲起來，他們可以利用其他能力成長，例如透過笑、模仿、討人憐愛的方式，以及擁有聆聽和學習語言的能力。我們來看下列這個思維實驗。

■ 機器人之愛

到了二五二五年，工程師們終於成功製造了像人類一樣的機器人，它們像人類一樣活動，甚至可以繁殖。工程師製造了一萬個不同型號的女機器人。之後，成立了一個研究小組，專門製造男機器人，並使其具有尋找好配偶、建立家庭和照顧小機器人的能力。他們把第一具機器人叫作第一代完美主義者，簡稱M—1。他被程式設定要不斷搜尋目標，直到找到最好的配偶。首先他列出一千個符合結婚目標（出廠年份不能比自己早）的女機器人。他觀察這些女機器人所具有的五百種不同的特徵，比如能量消耗、計算速度和結構彈性。但是，這些女機器人的個人特徵值並沒有標註在外殼上；有的甚至為了誤導M—1而隱藏她們的特徵值。於是，他只能從行為樣本中推斷。三個月後，他成功掌握到每具女機器人的記憶容量，但這只是他評估的第一種特徵。然後，研究小組迅速計算了M—1選出最佳伴侶的所需時間，遺憾的是，到那時，這個研究小組的成員都已不在人世，並且那個最佳配偶大概也已經被報廢。M—1下不了決心，這讓那一千個女機器人感到不悅；當他開始蒐集第二項特徵——生產序號時，她們直接取出他的電池，把他扔進了垃圾場。小組成員們不得不又回到繪圖板前，設計出第二具男機器人M—2，程式設定為只關注最重要的特徵，並且當蒐集資訊的成本超過了效益即停止挖掘更多資訊。三個月後，M—2和上一代進度一樣，甚至為了判斷哪些資訊該忽略而去計算每一種特徵的效益與成本。於是，那些等得不耐煩的女機器人扯掉了M—2的線路，也把他扔進了垃圾場。

研究小組這下相信了這則諺語：「要求太高反難成功。」於是他們又設計出G－1，尋找配偶的目標是：只要她夠好就行了。他的身上設定了一個期望水準。當他遇到第一個達到期望水準的女性時，他就會向她求婚，剩下的都不管了。為確保他的期望水準不至於太高，他身上還安裝了一個內建回饋機制，如果長時間內都沒有女性到達期望，他就會降低期望水準。他對一開始遇到的六個女機器人都不感興趣，後來，他向第七個女機器人求婚了。因為女機器人沒得選擇，所以答應了。三個月後，皆大歡喜，他結婚了，還有了兩個小寶寶。然而，在寫總結報告時，研究小組發現，G－1為了另外一個女機器人離開了妻小。因為在他的機制中，沒有被設計當他尋找到更好的選擇時，還繼續留在妻子身邊。其中一位研究成員認為，M－1永遠不會離開妻子，因為一開始他就選擇了最好的。另一位研究成員補充，確實如此，但G－1至少有過一個妻子。該小組就這個問題討論了一段時間，然後設計出了GE－1。就像G－1一樣，GE－1會因為找到一個不錯的妻子而高興，可是，他身上還多安裝了一種情感維繫機制，當他遇到一個不錯的機器人時，情感維繫機制就會啟動，每當他們進行身體接觸，他們的情感就會更緊密。為確保萬無一失，他們還在他的大腦中植入了另一種維繫機制，他每一次與自己的孩子接觸時，也會將他們的情感黏得更緊。GE—1一樣很快就向女機器人求婚，然後結婚，生下三個孩子。研究小組完成報告時，他仍和家人在一起。他或許有些黏人，但很可靠。從此以後，GE—1機器人就征服了整個地球。

在這則寓言中，M—1想找到最好的，他失敗了，M—2也一樣，他們的時間都不夠。G—1很快做出了不錯的選擇，可是很快又放棄了這個選擇。然而，愛的能力，也就是情感維繫機制，提供了一種有力的阻止原則，結束了GE—1對配偶以外的尋找，強化了他對愛人的承諾。同樣，由嬰兒的存在或微笑引發的父母之愛，讓父母無須計較每天投入在孩子身上的資源，與不去質疑是否值得忍受那些不眠之夜和其他因照顧孩子造成的挫折。我們的記憶系統肯定很快就會確保忘記這些辛苦，演化而來的大腦不讓我們看得太遠、想得太多。這個大腦所處的文化社會，決定了我們愛和信任的對象，以及讓我們難過和傷心的對象。

在現實世界中，堅持完美往往會和個人尊嚴與榮譽相互衝突。天文學家約翰尼斯．克卜勒（Johannes Kepler）身材矮小，身體虛弱，還是一個窮傭兵的兒子。可是，因為有了驚人的天文學發現，他被認為是一個好的結婚對象。一六一一年結束第一段不幸的婚姻後，克卜勒開始有系統地尋找第二任妻子。不像芭芭拉．布希那樣，他兩年內就尋找了十一個待定人選。朋友們催他娶第四個候選人，那是一位有著不俗社會地位和誘人嫁妝的女人，可是他仍堅持繼續尋找。最後，這位合適人選因感覺受到了侮辱，最終拒絕了他。

演化而來的能力

演化而來的能力，包括語言、辨識記憶、物體追蹤能力、模仿能力和情感，都是通過天擇、文化傳遞或其他途徑獲得的。比如，語言能力就是通過天擇演化而來，不過，知道詞彙所表示的事物，則和文化學習有關。我在廣義上採用「演化而來的能力」一詞，是因為大腦的能力同時奠基於我們的基因和學習環境。這些能力和人類居住的環境共同演化，並受幼兒成長環境影響。比如，人類模仿他人的能力就是文明演化的先決條件。達爾文少見地犯了一個嚴重的錯誤，他相信哺乳動物普遍具有模仿能力。[3]事實上，只有人類才能進行如此多樣、細緻和自然的模仿，能讓技能和知識在身體裡累積增長，這個過程就是文明。

心理學家麥可·托馬賽羅（Michael Tomasello）和他的同事們進行了一系列實驗，他們讓小猩猩、大猩猩和兩歲大的幼童，看成人示範用耙子獲取手臂延伸範圍之外的食物。[4]看完示範後，猩猩們知道要用這個工具，但牠們並沒有留意如何使用，而幼童觀察得很仔細，並且如實地模仿出來。幼童可能比猩猩弱小且遲鈍，但在這個例子中，幼童用模仿的方法學習文化要比猩猩快。

但是，如果我們只是靠模仿，那麼我們的行為將會從環境中分離出來。彈性的經驗法則，使我們能以對環境敏感的方式進行模仿。如果環境變化緩慢，我們可以進行模仿，否則，就必須從自己的經驗中學習（或者模仿那些比你聰明、能更快適應新環境的人）。

因為對許多演化而來的能力所知未多，所以，我們不能賦予機器人同樣的能力。比如，人工智慧的臉孔和聲音辨識技術還不能與人類相提並論，另外，情感能力，比如愛、希望和願望還遠不能成為機器智慧的一部分。當然，或許有人會說現代電腦也有「演化」的能力，比如它們具有比人類思維更強大的組合計算能力。然而，人腦和電腦軟體的差異，具有關鍵意義，這使得人類和機器使用不同類型的經驗法則，因此，兩者擁有的直覺也各不相同。

各種能力是相輔相成的。追蹤物體的能力，以人類在探索環境時所需的身體和心理機制為基礎；藉由觀察他人而蒐集資訊的能力，則奠基於在時間和空間內追蹤物體的能力；而合作與模仿的能力，又基於觀察他人的能力。如果個體具有合作的能力，那麼，比如為了交換商品，他們也需要具備一種偵測謊言的能力，以免被欺騙。[5]同樣，辨識記憶是建立名聲的先決條件，機構要實現好的名聲，就得讓人們記住它們的名字，或者至少能稍微記起它們為什麼值得尊重。反過來，一個擁有好名聲的機構，能提升人們的信任感、增強團體意識和促進其價值觀念的傳遞。

適應工具箱

啟蒙時期的哲學家們將思維比作一個由理性統治的王國。在十九世紀末二十世紀初，威廉·詹姆士將意識比作河流，而將自我比作城堡；為回應最新的科技，思維先後被描繪成電話交換機、數位電腦和神經網路。而我，將它比作工具箱，裡面裝著人類適應環境所面臨問題的工具（見圖4—1）。這個適應工具箱有三層：演化而來的能力、利用演化能力組成的構成元件，和由這些元件建構而成的經驗法則。這三層之間的關係，就像基本粒子、週期表中的化學元素和元素結合形成的分子之間的關係。分子和經驗法則的種類最多，化學元素和構成元件次之，基本粒子和演化而來的能力則更少。

我們以凝視捷思為例。它有三個構成元件：

1. 注視球；
2. 開始跑；
3. 調整跑步的速度，使注視角度保持不變。

以上每一個構成元件都固定在演化而來的能力中。第一個構成元件利用了人類追蹤物體的能力，第二個構成元件利用了人類一邊奔跑一邊維持平衡的能力，第三個構成元件利用了視覺運動輕微調整的能力。這些能力為解決接球問題提供了一個初始方案，它與計算球的軌跡完全不同。凝視捷思快速而方便，因為它所利用的能力是固有的。要注意的是，標準的數學方案——計算軌跡，並沒有利用這種潛能。

接下來，我們再來看上一章提到的以牙還牙策略。它適用於兩個人或單位之間生產產品、互助、情感交流或其他合作情形。雙方可友善（合作），亦可不友善（不合作）。以牙還牙也可分為三個構成元件：

■ 圖 4-1 直覺利用經驗法則的適應工具，就像維修工的工具箱一樣，能夠解決各式問題。

1. 第一次互動採取合作態度；
2. 記住上一次的互動；
3. 模仿對方的最後一次行為。

假設雙方持續互動。於是，在第一次見面時，一個採取以牙還牙方法的人會友好地對待對方，同時記住對方的反應，等到第二次見面的時候，他就會模仿對方上一次的行為。如果對方也採取以牙還牙的方式，那麼兩人會從始至終好好合作；但是，如果對方不友好或者不合作，那個最先採取以牙還牙方法的人也會停下來，不與他合作。要注意的是，儘管最後的行為不一樣，不管行為是好是壞，同樣的經驗法則產生了不同的行為模式。如果我們從人格或心態等角度去解釋，就混淆了這種心理過程（以牙還牙）與行為模式（合作或不合作）之間的不同。

這種策略，第一個構成元件包括合作；第二個構成元件包括遺忘的能力，這種能力就像原諒一樣，有助於我們維持穩定的社交關係。相反，我的磁碟機就無法遺忘，所以，我必須時不時刪除檔案，留下有用的。第三個構成元件利用模仿的能力，這是人類所擅長的。相同物種而沒有血緣關係的成員之間進行交換，叫作互惠利他主義，意思是：這一次我幫你，之後你也要還我這個人情。但就像以牙還牙策略，這種情況在動物界很少出現。[6]如果基因相關，動物們可能進行交換。反過來，在出現不過一萬餘年的大型人類社會中，大多數由無血緣關係的成員組成，在農業和貿易中實踐裙帶關係和互利主義。

適應工具箱包括演化而來的能力，而演化而來的能力又包括了學習能力，正是這種能力為構成元件奠定基礎，能構建不同的經驗法則。演化而來的能力是鑄造工具用的金屬原料，而直覺就像簡單的工具鑽頭，其力量取決於原料的品質。

適應生存環境

同一種演化而來的能力，可以用來解決一系列不同的適應問題。以追蹤為例，最開始的適應目標可能是捕食或航海，比如：使注視的角度保持不變，以攔截獵物。如我們在第一章中所見，追蹤能解決一些如接棒球或在航海和飛行中避免碰撞一類的問題。同時，它還能為社交問題提供聰明的解決辦法。在人類社會（包括等級制社會）中，新生兒能夠藉由誰在看著誰的目光，迅速辨認群體成員的社會地位。通過仔細追蹤，新的群體成員知道該尊敬誰，從而避免發生擾亂既存等級的衝突。孩子們從一出生就對目光敏感，他們似乎知道誰在看他們。當嬰兒長到一歲大的時候，他們開始利用大人的注視學習語言。當媽媽說到「電腦」，而孩子正看著金魚缸時，他不會認為這個新詞語就代表魚缸或金魚，而是追隨媽媽的目光，去尋找所指的物體。到兩歲的時候，孩子開始根據眼光判斷他人的心理狀態，比如欲望。三歲時，孩子們就能以目光為線索，判斷你是否在騙他。[7]不論是孩子還是成人，他們不僅追蹤目光的方向，還會根據肢體語言判斷對方的意圖。即便是電腦螢幕上的虛擬小蟲，其移動的軌跡也會讓我們覺得它們企圖勾引、幫助或傷害其他小蟲。[8]

演化能力對解決適應問題非常必要，但單靠這種能力還不夠——就像設計兩百匹馬力的電動機是為了提速，但是如果沒有方向盤和輪胎，這一目的也不能實現。只有準備好所有零件，駕駛者才能通過一系列簡單的動作啟動車子：發動引擎、踩油門、進行相應的變速。同樣，具有追蹤他人目光的能力還不足以判斷他人的意圖，上述自閉症的例子就說明了這一點。是超越已知資訊以外的經驗法則，形成了我們的直覺。

人類和機器直覺

一九四五年，英國數學家艾倫．圖靈（Alan Turing）預測，有一天，電腦會變成西洋棋高手。很多人則自此希望電腦程式能讓我們更深入瞭解人類的思維。儘管圖靈的預測實現了——一九九七年，IBM的西洋棋程式「深藍」（Deep Blue）打敗了世界冠軍蓋瑞．卡斯帕洛夫（Garry Kasparov），但是先進的程式並沒能讓我們進一步瞭解人類思維。為什麼呢？人類下西洋棋的策略，利用了人類生物體中特有的能力。卡斯帕洛夫和「深藍」都要使用經驗法則——就算是最快的電腦也無法計算出西洋棋的必勝策略。「深藍」能夠預測接下來的十四步棋，可是，它必須用快速的經驗法則，來估算其中幾十億個可能棋步組合的獲勝機率；而據說卡斯帕洛夫只能思考到其後的四五步。「深藍」的能力包括其強大的組合能力，然而，大師的能力包括高超的空間模式辨識。這些模式具有根本的不同，所以，瞭解了電腦的「思維過程」，並不代表能瞭解人類的思維過程。

在最初的電腦革命中，有關「跳脫硬體之認知能力」的討論非常流行。圖靈自己也強調，硬體的差異到最後將變得無足輕重。[9]當時還有一套新的說辭就是，那是一種認知系統，它描述了「從人到滑鼠、再到電腦晶片」的思維過程。[10]基於這種說法，電腦程式複製人類的創造力就變得大有希望。多年以前，人們熱切希望電腦程式可以創作音樂和爵士樂，希望出現一個能與巴哈（Bach），甚至貝多芬相提並論的程式。可是，再沒有進一步的消息。不像電腦生成的音樂，人類創作的音樂是具體而形象化的。人類創作的音樂是以歌唱技巧（呼吸決定著分節和調子的長度）和我們的節奏感（決定著和絃的幅度）為基礎。同時，它還以能產生情感的大腦為基礎。莫札特（Mozart）將面對死神的情緒化為樂曲《聖體頌》（*Ave Verum Corpus*），若沒有那種洶湧的情感，是很難模仿他的創作。創作就像認知能力一樣，而這種能力並不是人、滑鼠和晶片所共有的。

人類和大猩猩直覺

■ 大猩猩的直覺

同情和擔心別人，是引發人類行為的動機。我們會捐血給陌生人、支持慈善事業，以及懲罰那些違反社會規則的人。大猩猩和倭黑猩猩一樣，是最接近人類的物種，同樣，牠們也會合作狩獵、安慰受害者。那麼，在不損害自己利益的情況下，牠們會關心與自己沒有親緣關係的大猩猩嗎？

靈長類動物學家瓊安．希爾克（Joan Silk）和她的夥伴們進行了一場實驗，研究在一起生活了超過十五年的大猩猩。[11]被研究的有十八隻大猩猩，牠們來自兩個有著不同生活經歷的不同種群。大猩猩被兩兩分組，分別關在相對或隔壁的籠子裡，使牠們能看到對方，也能聽到對方說話。其中一隻大猩猩被稱為「行動者」，牠可以選擇拉兩個門把中的一個：如果拉的是「友好」把手，那麼這個行動者和另外一隻猩猩都能得到食物，而且分量相同。如果行動者拉「惡意」把手，那麼只有行動者能得到食物。在一次對照實驗中，只有行動者在場。大猩猩們會拉哪一個把手？

當沒有其他大猩猩在場時，大猩猩拉兩個把手的機率是相同的。這時，大猩猩不會在意拉哪一個，何必在意呢？可是，當另一隻猩猩出現時，行動者們往往不會拉那個「友好」的把手。儘管牠們能清楚地看到對方那極力乞求的手勢，或得到食物時高興的樣子，但行動者不為所動。對於那些行動者來說，比起另外一隻大猩猩，牠們更在意的是「友好」把手是在自己的左邊還是右邊。牠們非常傾向於右邊的「把手」，而對同伴的快樂與否相對不那麼在意。所以，大猩猩似乎並不關心與牠血緣不相關的群體成員。

■ 人類直覺

相同情況下，人類幼童會怎麼做呢？在一項非常類似的研究中，研究者們問三到五歲的孩子，是比較想與研究人員一人一張貼紙，還是只願自己獨得一張？[12]大多數孩子的選擇都是社會性的，有的孩子甚至願意把自己的貼紙讓給研究人員。

與其他靈長類動物相反的是，人類不僅願意付出，願意與家人以外的人分享，哪怕這種分享會付出代價，而且如果有人不這樣做，我們還會感到生氣。我們來看韋納．古斯（Werner Güth）發明的「承讓賽局」（Ultimatum game），他是我在馬克斯普朗克協會的同事。在這個賽局的經典版本中，兩個從未謀面，而且將來也不會有任何交集的人坐在不同的屋子裡。他們既看不見對方，也聽不見對方說話，他們事先被告知以下賽局規則，並由拋硬幣來決定提問與回答者：

> 提問者會得到十美元（十張一元），然後可以任意分給回答者，也就是說，分給回答者的錢可以是從〇到十美元。然後，回答者決定是否收下錢。如果回答者收下錢，兩人可保留自己所有的錢；如果回答者拒絕收下，那麼兩人什麼都得不到。

如果你是提問者，你會分多少錢給回答者？根據利己主義的邏輯，每一位玩家都會讓自己得到最多的錢。由於提問者最先行動，他可以只給回答者一美元，因為這樣，他就能得到最多。隨後，回答者應該收下錢，因為一美元總比沒有好。這種模型叫作「納許均衡」（Nash Equilibrium），是以諾貝爾獎得主約翰·納許（John Nash）的名字命名的。可是，現實生活中，不論提問者還是回答者都不會這樣做。提問者最可能給出的不是一美元，而是五美元或四美元。如此，人們似乎在意公平，所以願意共用差不多相同的數額——這裡，我們又在不同的背景下遇到了1／N原則。更不符合利己主義邏輯的是，那些被分給一美元或兩美元的人中，有一半選擇拒絕收下，他們寧願一分錢也不要。因為不公平的待遇讓他們感到生氣。

有人也許會反對，說幾美元只是小錢，一旦遇到更大的賭注，他們就會變得自私。比如，我們想像一下，如果給提問者一千美元，任他處理，會是什麼情況？然而研究人員以不同文化、相當於當地一週甚至一個月的工資進行類似實驗時，結果仍大同小異。[13]當提問者只是一台電腦時，人類回答者即便被分給很少的錢，也不大會拒絕。不過，提問者對他人的關心或許是出於自私，也就是說，提問者只是不想冒著被拒絕的危險？又或者，如果回答者無權拒絕時，提問者是否仍願意把錢分出來？

「承讓賽局」的變異版本叫作「獨裁者賽局」（dictator game），在這個賽局中，是由提問者來決定是否要給錢、給多少。然而，即便對方毫無選擇時，很多人也願意分享他們的錢。美國、歐洲和日本的大學生在玩「獨裁者賽局」時，一般會保留八十％，分出二十％；而一般成年人會分出更多，有時候甚至會平分。而在這兩種賽局中，德國孩子大多都會選擇平分。[14]即便在南美的熱帶叢林、非洲的熱帶草原、蒙古的高原沙漠和其他偏遠地區，進行十五人一組的小群體跨文化研究，也沒有發現純粹的自私行為。[15]這些實驗結果說明，即便在極端的情況下，面對陌生的人或環境，面對自己可能受損的利益，人們還是會選擇關心他人。正是這種利他主義的能力將我們與其他靈長類動物，甚至與大猩猩區分開來。

男人和女人的直覺

人們對女人的直覺談論較多，而對男人的直覺談論相對較少。人們也許會認為，這是因為女人的直覺比男人的直覺更準，然而，歷史卻給出了不同的解釋。自啟蒙運動以來，人們認為直覺比理智低一等，在此之前，甚至認為女人比男人低一等。將男人和女人從智力和個性上進行兩極分化的鼻祖是亞里斯多德（Aristotle），他曾這樣寫道：

> 女人的性情比較柔軟，她們更加淘氣、複雜、衝動，換句話說，男人們更活潑、野蠻、簡單，而且相對不那麼狡猾……事實是，男人的本質是最圓滿和完整的，所以，以上這些特徵最清楚明瞭不過。又因為女人比男人感性，更容易因感動而落淚，所以，她們同時也更容易嫉妒，更愛抱怨，更傾向於打罵。因此，進一步看，她們還更容易消沉和失望，更缺乏羞恥感，更容易有錯誤的言論，更愛欺騙，而且記性更好。[16]

這段話反映出歐洲千年以來關於男女區別的爭論觀點，同時建構了現代早期的基督教道德觀。對於女人來說，違反消極德性（尤其是不守貞潔），是頭等大罪，但對男人來說卻不是這樣；反過來，女人可以膽小，男人卻不能。記憶力、想像力豐富和社交能力是與女性關聯的特徵，相反，男性的特徵是散漫、具有思辨理性。在康德（Kant）看來，這一對比可以濃縮成：男性精於抽象原則，女性瞭解具體細節。而在他看來，這些具體細節與抽象的思辨或知識是不相容的：「她們的哲學不是理智，而是感性。」[17]他認為，那些少數人類的反例——有學識的女性，不只是無用那麼簡單，除了異想天開以外，她們就像「長了鬍子的女人」。一個世紀後，達爾文同樣將男性的力量和天賦，做為女性的慈悲和直覺力對比，並將女性視作「低等人」，這是十九世紀的典型想法特徵。

現代心理學將這種男性邏輯與女性情感的對立，納入其草創時的觀點。美國心理學協會的創始人兼第一任會長史丹利．霍爾（Stanley Hall）認為，男女從頭到腳無一處相同：

> 她凡事依賴直覺和情感：恐懼、生氣、愛，以及大多數廣泛而強烈的情

感。如果她放棄天性，用意識來過生活，那麼，她失去的會比得到的多。古語有云，精打細算的女人總是吃虧。[18]

這一簡史顯示，人們對直覺和女人的聯想，長久以來都脫離不了輕視和歧視。不同於人類、大猩猩和機器之間，除了與生育功能有關的特徵和出生環境的不同外，沒有有力的證據證明男女在認知能力上有明顯的不同。然而，兩千年以來，在極端對立思想的影響下，人們會誇大男女的認知差異，這點不足為奇。心理學家對一萬五千多人（其中有男有女）進行了測驗，讓他們區別真笑和假笑，以此判斷他們的直覺能力。[19]他們給參加實驗的人看十組有笑臉的照片，先看一組真笑，再看一組假笑。在實驗開始之前，讓受試者們評估自己的直覺能力。其中七十七%的女性說她們的直覺能力很強，相比之下，只有五十八%的男性認為自己的直覺能力強。可是，結果表明，女性的直覺判斷並不比男性強，她們判斷真笑的正確率是七十一%，而男性是七十二%。有趣的是，男性判斷女性真笑的正確率要高於其他情形，而女性則不擅長判斷男性的真誠度。如此一來，如果說男性直覺和女性直覺之間有不同的地方，那麼，這些不同是有別於之前認為女性直覺比男性直覺敏銳的看法。

比如，根據「選擇假說」（selection hypothesis），不管好與壞，男性的直覺判斷似乎只依據一條理由，而女性會對多條理由敏感。[20]這在社會上的表現是，在擁有掌控地位時，女性會考慮別人的觀點，而男性則會採用較為自私、固執的方法。另外，廣告商在設計廣告時似乎也考慮到了這種不同。研究人員對消費者進行調查，得出的結論是，如果目標是男性，廣告商會給產品配上單一引人注目的資訊，並在廣告的開頭特寫。相反，如果目標是女性，廣告就得用上足夠的線索，來引發正面的聯想，還要運用圖像。一則汽車廣告如下：一輛紳寶（Saab）汽車急速地行駛在筆直的公路上，前方突然出現岔路口，路牌上，白色的大箭頭指示著左右。廣告的標題是「你是否會因為流行因素而放棄你原有的路線？」這則廣告想要表達的是，其他製造商會為了大眾的喜好而在設計上妥協，但紳寶絕不會這樣！絕不妥協就是購買紳寶的唯一原因。另一方面，我們來看可麗柔（Clairol）新推出的七種洗髮精廣告，廣告提供了豐富的視覺畫面，專門吸引女性的聯想力和微妙的識別力。其中一則廣告的畫面是放一瓶洗髮精在全是美味椰子的夏威夷海灘上，另一則廣告以沙漠綠洲旁的埃及金字塔風光為背景，七種產品有七種不同的場景。

一九一〇年，居禮夫人（Marie Curie）在獲得諾貝爾物理學獎八年後，又獲得了諾貝爾化學獎，成為第一個兩次獲得諾貝爾獎的人，她被提名為法國科學院院士候選人。選舉在喧鬧的氛圍中進行，結果，投給她的票數和反對她的票數相差並不大。雖然她有傑出的才華，但當時對女性的偏見仍然十分盛行。他們認為，自古以來就低男性一等的女性，是不會在科學界取得成功的。如今，儘管「男人＝理性，女人＝直覺」的看法已經被我們的文化所拋棄，男人被認為也具備直覺思考能力，但是我們仍然會頻頻聽聞女人的直覺比男人的直覺強的論調。即便現在人們普遍肯定直覺的價值，這種區分還維持著古老的偏見。然而，與人們的普遍觀念相反的是，男人和女人有著同一套適應工具箱。

Chapter 5
世界如此混亂，不如簡單應對

人類的理性行為由一把剪刀塑造，這把剪刀的兩片刀刃就是任務所處環境的結構，和行動者的計算能力。

——賀伯．賽門（Herbert A. Simon）[1]

沙灘上的螞蟻

一隻螞蟻在沙灘上爬出一條彎彎曲曲的路。牠時而往右，時而往左，時而後退，然後停住，又再往前。牠為什麼選擇這麼複雜的路呢？也許是因為螞蟻的大腦裡有一個複雜的程式，但是這種說法很牽強。我們試圖推測螞蟻的大腦時，卻忽略了牠所處的環境才是共同形塑路線的因素：經過風吹浪打的沙灘、沙灘上的小丘小壑和螞蟻所遇到的路上障礙。螞蟻的複雜行為反映出其所處的複雜環境，而不是牠的思維。螞蟻可能遵循這樣一個簡單的原則：遠離太陽，儘快回巢，不要浪費精力去翻越障礙。複雜的行為，並不能代表複雜的心理策略。

諾貝爾獎得主賀伯．賽門認為，人類也是一樣：「當將人類視為一種行為系統時，人類其實很簡單。他們複雜的行為，很大程度上反映出其所處的複雜環境。」[2]從這個觀點出發，人類對環境的適應幾乎和果凍一樣，假如要瞭解果凍凝固後的形狀，還需研究模子的形狀。螞蟻的道路說明了一個普遍觀點：要瞭解行為，既需瞭解思維，也需瞭解環境。

老鼠走迷宮

假設心理學家將一隻孤獨、饑餓的老鼠放進所謂的T型迷宮（圖5－1，左），牠可以往左，也可以往右。如果往左，牠會發現，八十％的情況下會得到食物；如果牠往右，只有二十％的情況得到食物。牠找到的食物往往分量很少，所以，牠就在迷宮裡跑來跑去。在各種實驗條件下，如人們所想，老鼠大多數時候會往左。可是，有時候牠們也會往右，儘管這不是最好的選擇。這個問題困擾許多研究人員。根據極大化（maximizing）邏輯原則，老鼠應該一直往左，因為這樣一來，牠獲得食物的機率高達八十％。而老鼠有八十％的情況會往左，二十％的情況會往右，這種行為就叫作機率配對，因為它反映出八十％／二十％的機率。然而，這種行為模式結果表明，牠們實際獲取食物的機率降低至六十八％。[3]老鼠的行為似乎是不理性的。難道是牠們的大腦演化失敗了嗎？還是老鼠天生就笨？

一旦研究老鼠生活的自然環境，就能夠理解牠們的行為了。在覓食的自然條件下得和其他老鼠競爭（圖5—1，右），如果所有的老鼠都跑到食物最多的那一邊，那麼，每隻老鼠只能得到一小份食

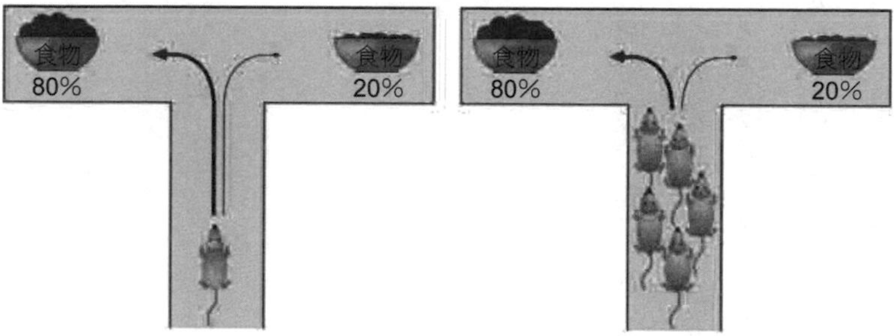

■ 圖 5-1 隱藏在數量中的合理性。老鼠經過T型迷宮，如果往左，牠們有八十%的情況會得到食物；如果往右，有二十%的情況會得到食物。這隻老鼠本來應該一直往左，可是不少情況下，牠會往右，即便這樣牠只能得到更少的食物。當我們將許多老鼠競爭有限資源的情況納入考量時，這種非理智的行為模式頗為合理：假如牠們全都往左，牠們全都吃不到右邊的食物。

物。有時候，選擇次佳道路遇到的競爭會少一些，得到的食物就會多一些，所以獲得天擇的青睞。因此，老鼠們似乎選擇了一種適用於競爭環境，卻不適用於當下實驗環境的策略，因為在這種實驗環境下，個體是被孤立、缺乏競爭的。

螞蟻和老鼠的故事說明了同一個觀點：要瞭解行為，我們不僅要瞭解大腦或思維，還要瞭解物理和社會環境的結構。

企業文化

新官上任時，往往會在公司宣布一些激勵人心的願景和雄心勃勃的計畫，這些同時也影響著公司的文化。每個人都有自己用以快速決策的經驗法則，這些法則往往都是無意識形成的。雖然管理者們不會故意將自己的原則強加到員工身上，可是大多數員工會在暗地裡學習。於是，這些法則就被融入公司的血液，即便換了管理者，這些法則也會留存很久。比如，如果一名主管聲明，太多的郵件令她生氣，當員工們不確定該不該發郵件給她時，便漸漸將她排除在收件人之外。而一位時常懷疑員工缺勤的管理者，往往會讓員工降低外出參加會議或者接受其他教育機會的積極性。員工可能會感謝這種有跡可循的職場文化，因為這省去了隨時都得考慮利弊的麻煩。可是，當公司上下每一個人都採用同樣的原則時，整個企業的文化也隨之改變：變得更加開放或封閉、更加寬容或嚴格、更加彈性或僵化。因為這樣的行為很難改變，所以，管理者們需要認真思考自己的原則傳遞了什麼樣的價值觀。甚至可以嘗試創造新的原則，以便將組織導向自己所規劃的方向。

我擔任馬克斯普朗克人類發展中心主任時，就想打造一個跨學科的研究小組，大家能夠在一起探討、工作、發表研究文章——這是很少見的事。除非有人真的能創造一個能支援這個目標的環境，不然，這樣的合作會在幾年內宣告失敗，或者根本無從開始。究其原因，主要還是心理障礙。像大多數人一樣，研究人員也喜歡分群結黨，他們往往忽略甚至輕視其他相關學術領域。然而，我們如今研究的大多數相關學科並不遵循歷史形成的學科邊界，而要取得進步，就得突破自身的狹隘觀念。所以，我想出了一系列原則——不是明文規定，而是要付諸行動的原則，以創造我所憧憬的企業文化。這些原則有：

- **所有人處於同一樓層**：根據我的經驗，相比在同一樓層工作的員工，在不同樓層工作的員工之間的交流會少五十%，更別說在不同大樓裡工作的人了。人們彷彿還生活在莽原，只能看到在同一平面的人，而不往上下方向看。所以，當我的組員增多，需要增加兩千平方英尺辦公室面積時，我否決了建築師新建一棟樓的建議，而是水平擴展已有的辦公室，讓每個人在同一平面上。
- **起點平等**：一開始，為確保公平競爭的環境，我同時請來所有的研究人員，並讓他們同時開始工作。如此一來，對於這個新公司，誰也不比誰瞭解得多，也沒有人因為年資較淺而被排擠。
- **日常的社交聚會**：非正式的交流能促進正式的合作。它能創造信任，還能幫助你瞭解別人的一舉一動。為確保最低程度的互動，我定了一條規矩，每天下午四點，請不同研究人員準備咖啡，並邀所有人聚在一起聊天。因為參加這樣的聚會毫無壓力，幾乎所有人都願意參加。

- **分享成功**：如果某位研究員（或某個小組）獲得了獎項或是發表了文章，在咖啡時段，他們就要請大家吃蛋糕。要注意的是，蛋糕並不是為那些獲獎的人準備的。他得自己買或者烘焙，讓別人也得到好處，和他人分享成功，而不是形成嫉妒的風氣。
- **歡迎討論**：做為主任，我試著讓自己可以在任何時候和任何人進行討論。這種打開門的政策為那些提倡平等的管理者們樹立了榜樣。[4]

此後，最初的小組成員們已在別處高就，可是這些原則值得我們一生銘記，也是我們成功合作的關鍵。許多慣例已經成為所裡生活中的一部分——離我組織咖啡時段已經有幾年了，可是，不知為何，大家每天都還是會準時聚會。我建議所有的管理者，細心檢視自己所擁有的經驗法則，並判斷自己是否希望以此引領員工。一家企業的精神，反映出管理者所創造的環境。

環境結構

思維和環境的相互影響，可用賀伯・賽門的比喻來形容。在本章開頭引用的格言中，他將思維和環境比作剪刀的刀刃。只看到一片刀刃，無法瞭解剪刀如何剪東西，同樣，只研究認知或環境，就無法瞭解人類的行為。這也許是常識，可是，許多心理學家往往從精神主義出發，嘗試從態度、喜好、邏輯或想像等方面解釋人類的行為，卻忽視了人類生活環境的結構。

讓我們近看一下環境這個刀刃的一大重要結構：不確定性，也就是驚人、新奇、出其不意事件持續出現的頻率。我們無法完全預測未來，甚至所嘗試預測的一點都不準確。

不確定性

幾乎每天早上，我都會在廣播裡收聽財經專家的分析，主持人問一位著名的金融專家，為什麼某檔股票昨天下跌了，而其他股票上漲了。專家們永遠會給出詳盡而複雜的解釋。可是，採訪者幾乎不會讓專家預測明天哪檔股票會上漲。在後見之明中，不確定性是不存在的，因為我們已經知道發生了什麼事，而且，如果我們想像力足夠豐富，一般都能做出解釋。但是，想做到先見之明，我們必須面臨不確定性。

股票市場是不確定環境的極端例子，其中，可預測性只是偶然，或接近偶然。《資本雜誌》組織的股票交易比賽（見第二章）說明，財務專家的失策並非意外。在斯德哥爾摩最近進行了一項研究，研究人員讓投資組合經理、分析師、代理人和投資顧問預測二十檔績優股的走勢，將成對的股票同時呈現在他們面前，讓他們預測哪一檔走勢更好。同時，研究人員另外組織一組非專業人員，進行同樣的任務，他們的預測準確率達到五十％。也就是說，如大家所想：非專業人員預測率和隨機猜測率一致，他們的表現不好也不壞。那麼，那些專業人員的表現又如何呢？他們預測的準確率只有四十％。對第二組專業人員進行研究，也得到了同樣的結果。[5]

專業人員的預測怎麼會連續低於隨機猜測率呢？他們的預測是基於自己所掌握的複雜資訊，因為這個行業競爭激烈，迫使各個專家挑出的股票組合時常大相逕庭。由於不是每個人都能保持正確，所以這種變化差異性，導致了專家的整體表現低於隨機水準。

並不是所有的環境都如股票市場那麼不可預測，但大多數環境都具有不可預測性。包括政治學家和柏林圍牆兩側的人們在內，沒人預測過柏林圍牆會倒塌。一九八九年的加州大地震、嬰兒潮的人口爆炸和個人電腦的出現，讓那些預言家目瞪口呆。很多人沒有意識到這個世界可以預測的部分微乎其微，所以不論是公司還是個人，都把大量的錢用在戰略諮詢上。每年，做為「算命者」的「預測行業」——世界銀行、股票經紀公司、技術諮詢師和商業顧問公司，能賺到兩千億美元，儘管他們預測準確率比不上隨機猜測。對於非專業人員、專家和政治家來說，預測未來都是一大挑戰。溫斯頓．邱吉爾（Winston Churchill）就曾抱怨說，未來就是一件接一件而來的壞事。[6]

用簡單方法適應不確定性

眾所周知，在預測未來時，我們要用上盡可能多的資訊，並將資訊輸入運算能力強大的電腦。他們常說，複雜的問題需要複雜的解決方案。實際上，在不可預測的環境裡，反過來做才是正確的。

■ 輟學的中學生

馬蒂．布朗的兩個兒子都處於青春期。他計畫將小兒子送到懷特中學或者格雷中學。大兒子中途退學，令馬蒂非常困擾，於是他決定把小兒子送到一所輟學率低的學校。可是，兩所學校都未公開有關其輟學率的可靠資訊。所以，馬蒂自己蒐集訊息，來推測兩所學校將來的輟學率，這些資訊包括出席率、寫作成績、社會科學成績、英語學程品質和班級規模等。根據對其他學校的觀察，他知道這些資訊中哪些才是重要的線索。最後，他的直覺告訴他，懷特中學是更好的選擇。於是他把小兒子送到了懷特中學。

馬蒂的直覺是對的嗎？要回答這個問題，我們需要看看下面的分析。首先，我們要瞭解致使他形成這種直覺的經驗法則；其次，分析這個法則運行的環境。一系列心理學實驗表明，人們的直覺判斷往往（並不總是）只基於一個很好的理由。[7]「擇優捷思」（Take the best heuristic）解釋了單一理由決策如何產生直覺。讓我們假設馬蒂採用了擇優捷思。他只需要一種基於對其他學校瞭解的主觀直覺，以判斷哪些線索更為重要（不一定是最重要的）。假設最重要的線索先後是出席率、寫作成績和社會科學成績。他運用捷思，仔細看這些線索，並用「高」或「低」來排序它們的價值。如果根據第一個線索出席率，足夠做出決定，那麼這個過程到此為止，其他的資訊忽略不計；如果不能，再看第二個線索，以此類推。以下表格是具體的說明：

	格雷中學	懷特中學
出席率	高	高
寫作成績	低	高
	停止評估，並選擇懷特中學	

第一條線索——出席率，並不是決定性的，所以才來看寫作成績，根據這條線索就能做出決定了。於是，馬蒂停止研究，推斷懷特中學的輟學率較低。

可是，基於這種經驗法則的直覺準確性有多高呢？如果馬蒂用了許多其他的方法，例如以富蘭克林損益計算法，對它們進行衡量與結合評估，那麼，他選擇正確學校的機率會不會大一些呢？我想，在一九九六年以前，幾乎每個人都會認為答案是肯定的；但我在馬克斯普朗克研究所的團隊，就發現了單一理由決策的神奇力量。[8]以下是一個簡短的故事。

由於輟學的原因會因地域而不同，我們先以大城市為例，比如芝加哥。多條線索是否比單條線索好？為測試這個問題，我們蒐集了五十七所學校有關輟學率的十八條線索，其中包括低收入家庭學生的比例、英語水準有限的學生、西班牙裔學生、黑人學生、學術評鑑測驗平均分數、教師的平均收入、家長參與率、出席率、寫作成績、社科成績和英語學程品質。此刻，我們正有系統地研究馬蒂面臨的問題。我們如何預測哪個學校的輟學率高一些呢？根據富蘭克林損益計算法，我們一定要把十八條線索都考慮進去，要認真衡量每一條線索，然後做出預測。富蘭克林損益計算法的現代版本，叫作「多元迴歸」（multiple regression）。所謂的「多元」，代表針對多條因素進行評估，現代的高速電腦讓這個方法運用變得簡單許多。多元迴歸分析可以計算出每個因素的「最佳」比重，再把它們相加，類似富蘭克林損益計算法，不過，它要經過複雜的計算。問題是，與這種複雜的策略相比，簡單的「擇優」策略準確性有多高呢？

為回答這個問題，我們進行了一個電腦模擬，並將半數學校的十八條線索和學校的實際輟學率輸入進去。根據這些資訊，多元迴歸分析能判斷這些線索的最佳比重，而擇優捷思可針對這些線索的重要性進行排序。然後我們再拿另一半的學校的這些線索，但不採計輟學率，以驗證這兩種方式的結果。[9]這個程序就是圖5—2中的「預測」，這正是馬蒂面臨的問題：他不知道格雷和懷特中學的輟學率，而只知道其他學校的相關資料。做為對照，我們在具備以上所有學校的所有資訊的條件下，對兩種策略都進行了測試。這種「後見之明」的用意，就是在事實發生後擬合數據，因此不算預測。那麼，結果如何呢？

簡單的擇優捷思預測的效果，不但比運用複雜策略預測的效果好（見圖5－2），而且用到的資訊更少。在得出結果前，這種方法平均用到三條線索，而複雜的策略衡量並綜合計算了所有十八條線索。要解釋關於學校的已知事實（後見之明），最好用複雜的策略。但若要預測未知資訊，一條好的理由比總和全部理由有用。如果馬蒂的直覺是來自擇優捷思，那麼，比起用複雜的電腦程式認真衡量後再綜合所有有效線索做出決定，他根據單條理由更可能做出正確的選擇。這一結果教會了我們重要的一課：

在不確定的環境中，好的直覺一定要忽略資訊。

可是，為什麼在這個例子中忽略資訊有好處呢？中學輟學率是高度不可預測的——較好的策略正確預測學校輟學率的機率也只有六十％（要注意，其中五十％純屬偶然）。就好比金融顧問能很好地解釋昨天的股票結果一樣，複雜的策略能夠衡量多種原因，得出做為結果的等式與我們已知事實相符。然而，圖5—2清楚地表明，在一個不確定的世界裡，複雜的策略可能效用不大，因為它過多地去解釋後見之明。對於將來的預測，只有一部分資訊是有用的，直覺的藝術就是注重這一部分，忽略其他的部分。根據最佳線索做決定，這樣的原則雖簡單，卻更可能發現有用的資訊。

使用簡單的策略，不僅對像馬蒂這樣憂心的父母帶來個人影響，它同時也影響著公共

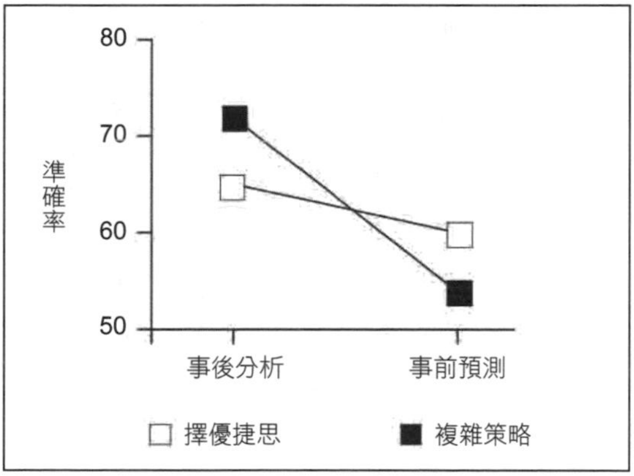

■ 圖 5-2 基於簡單經驗法則的直覺，比經過複雜計算得出的結果更準確。我們如何預測芝加哥哪所學校的輟學率較高呢？如果已知所有中學的資訊（後見之明），那麼，複雜的策略（多元迴歸）就更有效；若要預測未知的輟學率，那麼，簡單的經驗法則（擇優捷思）就更準確。

政策。根據複雜的策略，預測中學輟學率最佳指標依序為：學校西班牙裔學生的比例、英語水準有限的學生和黑人學生數。相反，根據擇優捷思，將出席率排在第一位，然後是寫作成績，再來是社科成績。

經過複雜的分析後，政策制定者或許會建議，幫助少數族裔學生進步，同時支援英語學程。而依循更加簡單、實用方法的政策制定者則會注重學生的出席率，同時更加強基礎教學。這些選擇的影響範圍，不僅是預測的準確性，也包括我們的教育政策。

這一分析還可以解釋哈瑞使用損益計算法在兩位女性中做出選擇時的矛盾（見第一章）。畢竟，選擇伴侶具有高度的不確定性。也許，哈瑞的直覺遵循了擇優捷思，他的心跟著最重要的那個理由走。在那個例子中，哈瑞的直覺勝過複雜的計算。

是否存在完美解決方案

如果不能證明有更好的策略存在，那麼，眼下的解決方式就是最佳策略。一些懷疑人士也許會問，為什麼直覺必須依賴經驗法則，而不是最佳策略呢？用最佳策略解決問題，意味著既存在最佳答案，也存在找到最佳答案的策略。電腦似乎是找出最佳答案的理想工具。然而，矛盾的是，高速電腦的出現讓我們看清了這個事實：最佳策略通常是找不到的。讓我們來試著解決下面的問題。

■ 美國五十個大城市競選巡遊

一位政治家要競選美國的總統，於是計畫在五十個大城市進行巡遊。時間臨近，候選人帶著車隊出發。她希望巡遊開始和結束都在同一座城市。那麼，最短的路線是什麼呢？幕僚們毫無頭緒。那麼多人，難道就想不出最短的路線嗎？這看似一個很簡單的任務，只需判斷所有可能的路線，測出距離，然後選擇最短的路線就行了。比如，巡遊五個城市，只有十二條不同的路線，[10]我們使用掌上型計算機，幾分鐘就能算出最短路線。然而，如果是十個城市，卻暴增至十八萬一千條路線，如此，計算就有些吃力了。五十座城市的情況下，就有大約300,000,000,000,000,000,000,000,000,000,000,000,000,000,000,000,000,000,000,000,000,000,000條路線。就連最快的電腦也不可能在一

■ 圖 5-3 五十個大城市的競選巡遊，從波士頓出發、再回到波士頓。幕僚們要如何算出最短路線？只能祝他們好運了，因為就連全世界最高速的電腦也無法算出最佳方案。

個世紀或者一千年內計算出這些路線的距離。這樣的問題就叫作「計算難解」的問題。換句話說，不管我們有多聰明，都不能判斷出最短路線。最佳解決方案是無法實現的。當最佳解決方案不可行時，我們能做些什麼呢？歡迎來到經驗法則的世界。在這個世界裡，問題就變成了：我們如何找出還算不錯的答案？我們還在思考時，幕僚們已經規劃好了行程：參考上一位候選人的路線，再因幾條高速公路關閉而稍做改變。

■ 圈叉遊戲

就拿圈叉遊戲來說，玩家一在九宮格中選一個畫上╳，玩家二在剩下的格子中選一個畫上〇，然後玩家一再畫一個╳，如此繼續。如果某個玩家在同一行或者同一列畫齊三個╳或〇（對角也算），就算獲勝。一九四五年，芝加哥科學與工業博物館（Museum of Science and Industry）的入口處放了一台機器人，它站在那裡邀請參觀者們一起玩圈叉遊戲。[11]令人吃驚的是，他們永遠贏不了機器人。機器人不是贏就是打成平局，因為它知道這個遊戲的最佳方案。

玩家一在中央的格子裡畫╳。如果玩家二在某一行的中間畫一個〇，如圖5—4所示，然後，玩家一再在相鄰角落的格子裡畫╳，這樣就逼得玩家二犧牲下一個〇去阻止玩家一畫齊三個╳。然後，玩家一在兩個╳之間畫上╳，如此，輸贏已成定局。同樣，如果玩家二將第一個〇畫在角落，玩家一也能將比賽拉成平局。靠這種策略，不是贏就是平手，總之不可能輸。

在這個例子中，找出答案所用到的方法是「列舉」（enumeration）和「分類」（classification）。比如，第一步有三種選擇：中央、角落和中間格。九個格子都包含在這三類裡。剩下的就是列舉接下來可能走的地方。像圈叉遊戲這樣簡單的遊戲，我們知道它的最佳策

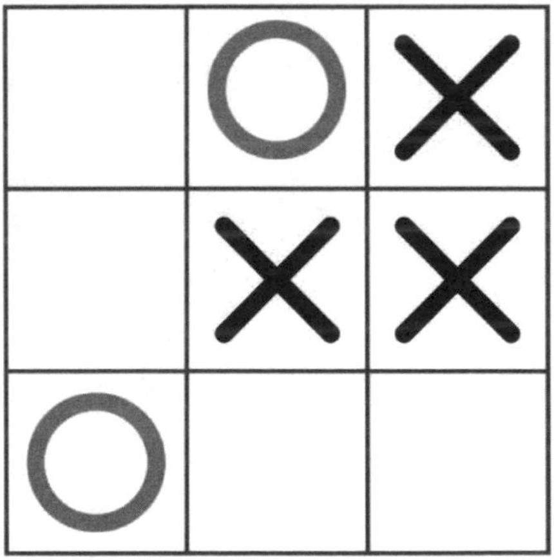

■ 圖 5-4 你能找出最佳策略嗎？

略。這是好事嗎？是，也不是，因為知道了最佳策略，遊戲就不好玩了。

再來看西洋棋。每一步平均都有三十種可能，二十步就有三十的二十次方種結果，大約是350,000,000,000,000,000,000,000,000,000種結果。比起上面的競選巡遊，這已經算是小數目了。西洋棋程式能判斷二十步的最佳順序嗎？ＩＢＭ的西洋棋程式「深藍」能在一秒內計算出兩億種棋步。即使以這樣驚人的速度，「深藍」要想提前算好二十步棋，並選出最佳走法，還需五十五萬億年（宇宙大爆炸也不過在一百四十億年前）。更何況，二十步還不是一局完整的棋。結果表明，像「深藍」一樣的程式無法找出最佳的下棋順序，和西洋棋大師們一樣，它們也得依靠經驗法則。我們又怎麼知道是否能找出某種遊戲或者某個問題的最佳解決方案呢？如果能找到完美方案的唯一已知方法，就是檢查一定的步數，而這些步數是隨著問題規模的擴大而呈指數增長的，那麼，問題就變得很「難解」。西洋棋是「計算難解」的問題，就像經典的電腦遊戲俄羅斯方塊和踩地雷一樣。這些遊戲說明，即便問題明確，也很難找出最佳解決方案。[12]

天文學界的「三體問題」（Three-body problem）就是一個著名的例子。三個天體——比如地球、月球和太陽，在相互的引力作用下運動，我們如何預測它們的運動呢？關於這個問題，尚沒有適用於一般情況的答案，但是二體問題已經可以解決。而當處理的是地球上的生物時，即便只有兩個物體，也令人困擾。我們不可能完美地預測他們相互吸引的動態，尤其是當引力和情緒有關時。在這種情況下，好的經驗法則必不可少。

■ 不明確的問題

如西洋棋和圍棋一類的遊戲都有明確的結構，棋步都有規則限定，違規的下法一眼就能看出來，輸贏都是很明確的。但另一方面，政治辯論的輸贏就不好判斷了。它既沒有清楚地定義哪些行動是允許的，也沒有明確的輸贏。難道是更好的論據、說辭，或者口號能保證勝利嗎？和西洋棋不一樣的是，在辯論中，可能出現兩邊選手都取得勝利的情況。同樣，在大多數討價還價的情形中，買家和賣家之間的原則、員工和工會之間的原則並沒有清楚界定，且需要在過程中不斷進行協商。在日常生活中，我們只瞭解部分原則，而且原則往往可被強勢顛覆，或人們故意把原則說得很模糊。不確定性是普遍存在的；欺騙、撒謊和犯法也是可能的。所以，要贏得一場戰爭、領導一個公司、撫養孩子，或者投資股市，並沒有最佳策略。但是，不錯的策略還是有的。

事實上，人們往往喜歡含糊其詞，法律合約也是如此。許多國家的法律都要求列出每一方行為的所有可能的結果，包括懲罰。可是，每一個聰明的律師都知道，無懈可擊的合約是不存在的。再者，大部分人在簽訂合約時，都覺得最好留些餘地，不要寫得太清楚。如法律專家羅伯・史考特（Robert Scott）所說，人們會察覺到，既然凡事不可能百分百確定，於是決定訴諸於互惠主義這個心理因素上，而在簽訂合約時，這種心理因素是雙方共同具有的強烈動機，假如列出所有的可能性，這似乎是對對方的不信任，而且，這樣做實際上是弊大於利。

對思維與其所處環境的互動研究還處在初期階段。然而，社科界最普遍的解釋還是只看到賽門的一半刀刃，若非僅是研究心態、人格、喜好和其他思維因素，便是只探討如經濟和法律結構等外在因素。要瞭解思維如何運行，我們必須探索外部的世界，而要瞭解世界運作的模式，我們就得研究內部思維的祕密。

Chapter 6

為什麼好的直覺沒有邏輯

> 我們生活在一個花花世界，這裡的事物各不相同，各具特色，各行其道。通過規則，我們將這個世界描述成一個複雜的拼接之物，而非一個完整的金字塔。它們並沒有遵循那些公理和定理簡潔而抽象的結構。
>
> ——南西．卡萊特（Nancy Cartwright）[1]

如果有人邀請你參加一個心理實驗。實驗者問你以下問題：

琳達三十一歲，單身，她是一個率直且非常開朗的人。她主修哲學。在學期間，她非常關心歧視和社會公平之類的問題，還參加過反核遊行。

下面兩種說法，哪一種比較可能為真？

(Which of the following two alternatives is more probable?)

琳達是一名銀行行員。

(Linda is a bank teller.)

琳達是一名銀行行員，而且熱中於女權運動。

(Linda is a bank teller and active in the feminist movement.)

語言的無意識法則

你會選擇哪一個呢？如果你的直覺和大多數人一樣，那麼你會選第二個答案。然而，阿莫斯・特沃斯基（Amos Tversky）和諾貝爾獎得主丹尼爾・卡尼曼（Daniel Kahneman）卻說，這個答案是錯誤的，因為它與邏輯相悖。將兩個事件（琳達是一名銀行行員，而且熱中於女權運動）合取並列，其可能性並不大於單獨一個事件（琳達是一名銀行行員）。換句話說，子集永遠不可能大於集合本身。「無論怎樣，A的可能性不可能小於A&B，反之就是錯誤的。」[2]他們把這個大部分人共有的直覺叫作「合取謬誤」（conjunction fallacy）。琳達的問題一直被用以凸顯人們根本沒有邏輯，此外，該問題還可用來解釋各種經濟和人類災難，其中包括美國的安全政策、人們對核子反應爐熔解的擔憂等等。演化生物學家史蒂芬．古爾德（Stephen J. Gould）寫道：

> 我非常喜歡琳達的例子，因為我知道，「合取」的可能性是最小的，但是，我的頭腦中還有一個小人在跳上跳下，對我講「但她不能只是一名銀行行員啊，認真讀問題的描述吧」……為什麼我們會不斷犯這些邏輯錯誤呢？特沃斯基和卡尼曼認為，（不管出於什麼原因）我們的大腦並不是根據機率法則運行的。[3]

古爾德寧願相信腦中小人的直覺，也不願相信自己的有意識思考。一些贊同合取謬誤的專業學者認為，數學邏輯是判斷決策是否理智的基礎。在琳達的問題中，理智思考的邏輯定義所能用上的詞語是「和」以及「可能」，也就是只有一種意思是正確的：合乎邏輯的「和」與數學上的「可能性」。我把這種邏輯準則叫作「內容盲區」（content blind），因為它們忽視了思考的內容和目標。死板的邏輯準則忽視了這樣的情況：智能是在一個不確定的世界裡運行，而不是在人為確定的邏輯體系中，它需要我們去探索已知資訊以外的東西。

在琳達的問題中，不確定性的主要來源就是「可能」（probable）、「和」（and）這些詞的意思，一如英文字典所示，它們各自都有很多含義。先來看「可能」的意思。它的一些解釋與數學機率有關，比如「經常發生的」；可是，大部分意思是無關數學機率的，比如，「貌似合理的」、「似乎可信的」和「是否可證」。如我們在第三章中所見，知覺用聰明的經驗法則解決了這個模糊不清的問題，我認為，高等知覺也是用同樣的方法。我們的思維中，用以瞭解語言意思的無意識法則，就是「相關性準則」（maxim of relevance）。[4]

> 假設說話者遵循的原則是「相關」。

無意識的推論是這樣的：如果實驗者將對琳達的描述讀給我聽，那麼這些描述很有可能與我必須回答的問題相關。不過，如果將「可能」這個詞的意思理解成數學機率，那麼那段琳達的描述就變得和問題徹底不相關了。因此，根據「相關性準則」，「可能」的意思一定要與描述相關，比如「它是否可能為真」。「認真讀問題的描述吧」——古爾德腦中的小人就明白這一點。

對於琳達的問題，大多數人是根據合取邏輯回答，還是聰明的談話直覺呢？為了回答這個問題，我和拉爾夫．赫特維希（Ralph Hertwig）請受試者使用其他語句，向非英語母語人士、也不知道「可能」這一詞在數學上意義的人，解說琳達的問題。大多數人使用的是非數學意義，比如：是否可能、可信、合理和有代表性。很少人使用「經常」或者其他數學術語。這表明，面對模稜兩可的語句時，我們通常會根據我們的談話直覺，而非抽象的邏輯來判斷語意。為對這個假說進行進一步檢測，我們將「可能」這個模糊的詞，換成清楚的說法「多少個」（how many）：

假設共有一百人符合以上對琳達的描述。請問其中有多少人是：

銀行行員？

銀行行員而且熱中於女權運動？

如果人們繼續犯集合不可能小於子集這種邏輯謬誤，那麼，新問題版本還是會得出與舊版本一樣的結果。相反地，如果人們只是依據聰明的經驗法則，無意識裡推論「可能」這個字的含義與有關描述琳達的相關性，那新問題的陳述方式已排除這項因素，所謂的邏輯謬誤也就不存在了。事實也正是如此（見圖6—1）。[5]該結果與瑞士心理學家巴貝爾・英海爾德（Barbel Inhelder）和讓・皮亞傑（Jean Piaget）的早期研究一致，他

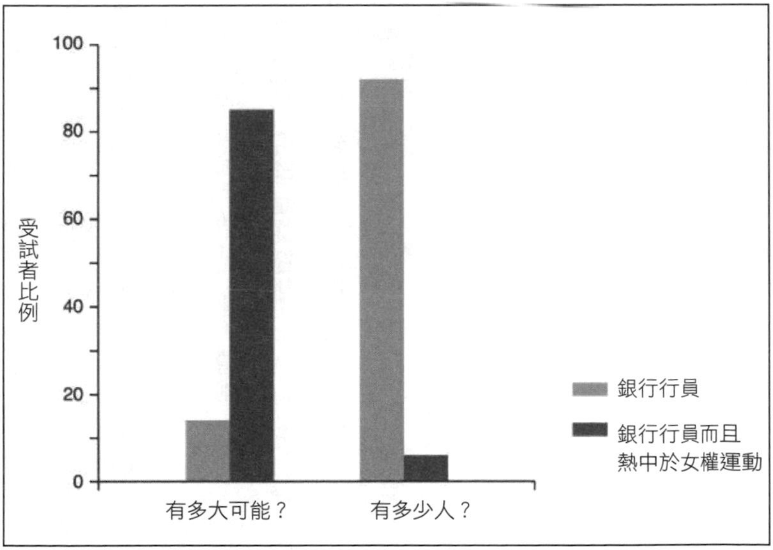

■ 圖 6-1 琳達問題的分析。

們曾針對幼童做了類似的實驗，結果得出，大多數到了八歲的孩子，回答都符合「層級包含」（class inclusion）概念，但幼童只被問及有多少人符合問題描述，而非哪個問題比較有可能。如果成人們搞不懂連八歲孩子都明白的事情，那是非常奇怪的事。在琳達的問題中，邏輯並不是用以詮釋「哪種情況更可能」的有效方式。人類直覺比理性豐富，能在不確定的情況下進行合理的猜測。

琳達的問題，以及由此引起的數百種研究都是從邏輯出發，探究影響人們推理的各種因素，這種對邏輯的癡迷，往往導致研究人員提出錯誤的問題。真正的問題並不在於人們的直覺是否遵循邏輯定律，而是在於哪些無意識的經驗法則構成對語意理解的直覺。下面，我們進一步來看人類處理自然語言的例子。

■ 佩吉和保羅

在初階邏輯中，「AND」這個邏輯運算元具有可交換性，也就是說，「a

AND b」等同於「b AND a」。然而，我們在理解自然語言時卻不是如此。比如，看下面的句子：

佩吉跟保羅結婚了，並且佩吉懷孕了。

(Peggy and Paul married *and* Peggy became pregnant.)

佩吉懷孕了，並且佩吉跟保羅結婚了。

(Peggy became pregnant *and* Peggy and Paul married.)

憑藉直覺，我們知道兩句話傳達的是不同的意思。第一句話表明，懷孕在結婚之後；第二句話表明，懷孕在結婚之前，而且可能是導致結婚的原因。如果我們的直覺遵循邏輯，將「並且」（and）看成邏輯性的「AND」，那麼我們就無法注意到兩句話的不同。「並且」可指代按時間順序的關係，或者隨意的關係，兩者不具可交換性。再看兩組句子：

馬克生氣了，所以瑪麗走了。
(Mark got angry *and* Mary left.)
瑪麗走了，所以馬克生氣了。
(Mary left *and* Mark got angry.)

維洛納在義大利，而瓦倫西亞在西班牙。
(Verona is in Italy *and* Valencia is in Spain.)
瓦倫西亞在西班牙，而維洛納在義大利。
(Valencia is in Spain *and* Verona is in Italy.)

我們一眼就能明白，第一組句子傳達的是相反的資訊，而第二組句子的意思完全一樣。只有在最後一組句子中，「and」才採用了邏輯性的「AND」的意思。更令人訝異的是，我們不用想就知道「and」什麼時候可當成邏輯上的「OR」，比如，在這個句子中：

我們邀請了朋友和同事。

(We invited friends *and* colleagues.)

這個句子中指涉的對象，表示朋友和同事的聯集，而不是交集。不是每一個受邀者既是朋友又是同事，大多數人或者只是朋友，或者只是同事。在這裡，直覺違反了合取邏輯，但並不會造成錯誤的理解。事實上，它向我們表明：自然的語言比邏輯更複雜。我們的大腦如何一瞬間就推斷出「**and**」在不同背景下的意思？這些推斷具有直覺的三個特徵：我知道它的意思，我根據這個意思來理解，但我不知道自己是怎麼知道這個意思的。由於一個單獨的句子就提供充分的背景脈絡，那麼，相關線索一定來自於語句的內容中；直至今日，語言學還在努力找出構成這種智慧語言直覺的經驗法則。任何電腦程式解碼帶有「**and**」的句子都遠不及我們的表現。這種有趣的無意識流程，我們只瞭解其中的一部分，可是我們的直覺卻在第一眼就瞭解了。

訊息框架

訊息「框架」（framing）的定義是：用不同的方法表達邏輯等價語句（無論是數值等價還是語意等價）。比如，某人的母親正在為是否進行一次難度很高的手術而猶豫不決。醫生告訴她，本次手術死亡的可能性有十%。就在同一天，另外一個病人也要求進行同樣的手術。而醫生對他說，成功機率有九十%。

從邏輯上看，上面兩種陳述的訊息並沒有什麼不同，因此，具有邏輯思維的心理學家們認為，對此，人類的直覺也應該是中性的。他們聲稱，人們不必在意醫生的說法是九十%的成功率（正面框架），或者十%的死亡率（負面框架）。可是病人們在乎這些。醫生使用正面框架，向病人傳遞的訊息就是：手術是最好的選擇。事實上，如果醫生使用正面框架，病人接受治療的情況會多一些。[6]然而，卡尼曼和特沃斯基的解釋是：訊息框架意味著人們不能將醫生的兩種答案轉換為一個共同的抽象形式，他們深信「從它們對人們強烈的吸引力來看，框架效應較類似知覺錯覺，而較不像計算錯誤」。[7]

我不同意這一點。訊息框架能夠傳遞那些被純邏輯忽視的資訊。下面我們來看最著名的框架例子：

杯子是半滿的。

杯子是半空的。

根據邏輯準則，人們的選擇不該受到這不同陳述的影響。但語句的陳述真的無關緊要嗎？在一次實驗中，桌子上放了一個滿水杯和一個空水杯。研究人員要受試者先將一半的水倒入另一個杯子，然後將半空的杯子放在桌邊。[8]受試者會選擇將哪一杯放在桌邊呢？

大多數人會選擇之前滿的那一杯。而當實驗者讓其他受試者移動半滿的杯子，大多數人會選擇之前空的那一杯。這個實驗表明，對於問題的陳述方式，可以幫助人們提取隱藏在問題脈絡裡的額外資訊，以便推論問題的意義。直覺再一次證明它比邏輯更加豐富。當然，訊息框架有時候也會被用來誤導他人，但這並不意味著進入訊息框架就是不理性的。任何溝通工具，從語言到百分比表示法，都可能被利用。

如今，在許多學科中，人們已經意識到了訊息框架的潛力。著名的物理學家理查·費曼（Richard Feynman）強調，要從相同的物理定律中推論出不同的訊息框架，即便這些訊息框架從數學角度看是等同的：「從心理學角度講，這些公式是不同的，因為在我們試著推論新的定律時，它們扮演截然不同的角色。」[9]通過對同樣的資訊進行不同的再解構，費曼有了新的發現，他著名的費曼圖就能體現他在陳述中強調的重點。而心理學家們還在冒險將心理學置於純邏輯中。

連鎖商店問題

諾貝爾經濟學獎得主倫哈德·賽爾頓（Reinhard Selten）讓「連鎖商店問題」備受關注，據他證明，對競爭對手採用進攻策略是沒有用的。問題如下：

一個叫作「天堂」的連鎖店，在二十個城市開有分店。它的競爭對手「極樂」打算開類似的連鎖店，而且正在逐一判斷是否進入這些城市的市場。一旦有競爭者進入當地市場，「天堂」的應對方式，可以選擇惡性削價，但這樣會讓雙方利益都受損；也可以改採合理定價，這樣的結果就是均分市場。那麼，當第一家「極樂」商店進入市場時，「天堂」會如何應對呢？是削價還是合理定價？[10]

人們也許會認為，在對手剛出現時，「天堂」應該選擇進攻式的回應，以阻止它繼續進入市場。但是，站在邏輯的角度，賽爾頓證實，最好的選擇是合作或合理定價。他運用了著名的「逆向歸納法」（backward induction），即從事件結果往前推。如果二十家競爭門市都進入了市場，「天堂」已不必防堵，因此也不必再繼續惡性削價了。假設「天堂」對最後一家競爭門市採取合理定價策略，那麼，對第十九家就沒必要採取進攻方式，因為大家都知道，已經阻止不了最後一家競爭門市了。如此，對於「天堂」來說，理性的做法就是也和最後兩家競爭門市合作。同樣的道理也適用於第十八家門市，依次倒推到第一家。賽爾頓的逆向歸納法結果表明，從第一家競爭門市到最後一家競爭門市設立過程中，「天堂」應該從頭到尾都採取合理定價策略。

可是故事並未就此結束。看到結果後，賽爾頓發現，這個在邏輯上正確的證據，在直覺上卻不可信，他寧願跟著自己的直覺走，採取進攻性策略，以阻擋其他商店進入市場：

> 我從和朋友及同事的談話中瞭解到，大多數人都有這樣的傾向。事實上，到現在為止，我還沒遇到過說自己會根據（逆向）歸納理論做事的人。經驗得知，有數學素養的人知道歸納法在邏輯上是正確的，可是，他們仍然拒絕將其做為實際行為的指引。

那些不瞭解賽爾頓的人，或許會認為他是一個十分好鬥的人，被自己的衝動所蒙蔽，但事實並非如此。賽爾頓的邏輯和直覺之間的衝突，讓他自然而然選擇了進攻性策略。如我們多次所見，邏輯論述可能與直覺產生衝突。此外，我們還看到了，在現實生活中，直覺往往是更好的指引。

好的直覺會超越邏輯

長久以來，人工智慧都在試圖建立能執行抽象行為（比如下西洋棋）的能力，並且只能通過螢幕或印表機來和真實世界互動。根據這個想法，思維的本質是邏輯演算，而不是心理活動。邏輯是一個理想的抽象系統，就像在某個數學論證中，演繹推論的恰當程度是命題真實性的標準。然而，少有邏輯學家會主張，邏輯能提供一切思維的標準。一個世紀前，實驗心理學之父威廉・馮特（Wilhelm Wundt）就指出了邏輯定律和思維過程之間的不同[11]：

> 從亞里斯多德時代到現代邏輯科學，人們認定最確切的方式，就是用邏輯思維的法則對整個心理過程進行分析。但是這些形式只是思維過程中的一小部分。任何試圖用邏輯規範來解釋這個形而上的、心理學所定義的思維，只會導致真實事物在邏輯之網中變得糾結混亂。實際上，這些過去的嘗試絕對是徒勞的，因為它們忽略了心理過程本身。

對於馮特的觀點，我再同意不過。然而，如我們所知，許多心理學家將各種邏輯形式當作通用的認知分析法，許多經濟學家則將其當作理性行為的通用分析法。再比如，皮亞傑研究人類知識發展過程，包括從小的智力發育到人類的智力發展歷史。在他看來，認知的發展其實就是整個邏輯結構的發展。[12]邏輯的優越性已深深嵌入我們的文化，所以，即便是那些批判皮亞傑的學說、認為其學說在經驗上站不住腳的人們，也時常主張邏輯是思考和推理的通用標準。而反對這個標準的人（比如犯了合取謬誤），往往被診斷為認知障礙。

好幾個世代以來，社會科學學生總會在課堂上嘲諷他人的愚蠢、偏離邏輯的道路，並迷失在直覺的迷霧中。然而，邏輯規範忽略了文化，也忽略了人類演化的能力和環境結構。所以，從純粹邏輯角度看有誤的推理，在真實世界裡卻常是一種高度智慧的社會判斷。好的直覺一定會超越既有資訊，因此，也會超越邏輯。

PART

II

無意識的行為

一個新的科學真理，
並不是靠說服反對者並讓其看到真理的光芒
而取得勝利，
而是等到反對者死去，
而新一代從小就對它耳濡目染。

——馬克斯．普朗克

Chapter 7
信專家不如信自己

聲譽比財富更寶貴。

——塞萬提斯（Cervantes）

門鈴響了。男主人急忙衝到門口，迎接晚宴的第一位客人。他打開門，轉身對妻子說：「介紹一下我的新同事，黛比和羅伯特。」然後，他轉向客人：「介紹一下我親愛的妻子，嗯，啊，嗯……」這時，他一臉慌張，直到妻子替他解圍，她禮貌地說：「珍妮。」

如果某個人的名字到了嘴邊很久都說不出來，這段時間是漫長而煎熬的，尤其是當這個人與你有著親密關係的時候，說不定還會更糟。隨著年紀增長，想不起某人名字的情況更常見，尤其是擁有Y染色體的人，可能更嚴重。然而，如果丈夫不記得妻子的名字或面孔，麻煩就大了。人們會認為他有病，最終還可能被送至精神病院。不管是在生命的起始，還是末期，辨識記憶都比回憶和記憶更可靠、更基本。比如，如果沒有認出某個人，那麼就很難想起關於這個人的個人資訊。[1]辨識記憶是一種演化而來的能力，名稱辨識捷思就是利用這種能力發揮作用的。我們對認知已有了初步的認識，讓我們進一步瞭解它。

任何經驗法則都不可能指導某人的一生。下面是關於里斯的故事，它試圖探究在日常生活中，純認知如何塑造我們的直覺和情感。

■ 充斥名稱的日常生活

里斯出生在華盛頓州的斯波坎市（Spokane），他也是在那裡長大的。最近，他被提名為一項傑出急診室病人看護獎項的候選人，並受邀到倫敦領獎。在美國的其他地區旅遊時，他非常羨慕別人能說自己來自紐約或其他不會引起人們再追問詳細地點的地方。他在斯波坎接受護理教育，地址就在科達倫（Coeur d'Alene）的礦場旁。他說這些時，常常兩眼空空，還要加以補充：「金礦和銀礦礦區。」而聽者也只能說：「哦，是的。」他一般都不忘補充一下，斯波坎是《日落黃沙》（*The Wild Bunch*）中的電影主角、惡名昭彰的銀行和列車大盜莫名死亡的地方。而人們往往這樣回答他：「我看過這部電影，很不錯，但那不是在玻利維亞拍攝的嗎？」不管事實怎樣，至少人們知道這些名字，並與他的故鄉聯繫起來，這終於能讓他感到一絲重要性。

在去倫敦的飛機上，里斯的旁邊坐著一個身著香奈兒套裝的英國女人，她問他是做什麼的，里斯回答說他在西敏醫學中心（Westminster Clinic）工作，並期待她聽說過這家診所。在聊天的過程中，他告訴她，為了讓孩子們上大學，他還投資股票，但他從不買自己沒聽過名字的股票。他認為正確的投資策略非常重要，因為他想讓孩子們接受好的教育，而不是像自己一樣，最終只能上一所無名的大學。他三歲的女兒已經知道米老鼠和唐老鴨了。她喜歡看迪士尼電影，喜歡吃大麥克漢堡。一聽到瑪丹娜（Madonna）和麥可．傑克森（Michael Jackson）的名字，她就會面露喜色，儘管她對音樂一無所知。這位小女孩經常要他買電視廣告的玩具，而且害怕陌生人。就在上飛機的前一天，她生病了，因此里斯並沒有帶她去最近的診所，而是開車帶她去找一位她看過的醫生。

到了倫敦後，他才知道，晚宴上需要穿禮服。他沒有燕尾服，也不知道去哪裡買。於是，他在網路上搜尋「倫敦」和「西裝店」，他找到了薩維爾街（Savile Row），於是迅速去那裡買了一件晚禮服。參加晚宴時，他站在一個大宴會廳裡，不安地掃視著那些穿著黑白衣服的人，卻見不到一張熟悉的面孔。看到飛機上那個女人時，他才鬆了一口氣。里斯是這個獎項的第二名，並在倫敦過得非常愉快，直到最後一天，他的行李被人偷走了。員警要他描述竊賊的長相，他也講不出有用的資訊，但到了警察局，他從眾多照片中認出了那個人。回到斯波坎的家裡，和家人在一起，里斯非常高興。新的環境和面孔讓他感到緊張，而熟悉的環境和面孔讓他感到放鬆，甚至親密。

辨識記憶

辨識記憶就是從之前的體驗中發現新的東西，或者將舊事物從新事物中區分出來的能力。認知和記憶將我們的世界分成三種記憶狀態。造訪我辦公室的人可以分成三種：不記得樣子的人、認識但卻想不出任何與之相關資訊的人，以及認識同時也能想起某些資訊的人。要注意的是，辨識記憶並不完美，我的「似曾相識感」並不好，見過的人也會忘記。但是，這種錯誤也沒什麼大不了，因為，我們很快就會瞭解，遺忘對辨識捷思是有益的。

認知的能力與環境結構相適應。銀鷗認得出自己的雛鳥，以便防止雛鳥遭受危險。牠們的巢是築在地面上，因此雛鳥很容易跑出來，被附近的動物殺死。可是，牠們並不認得自己的蛋，即使孵了其他海鳥的蛋或研究人員準備的木製鳥蛋，也不會察覺異狀。[2]但除了碰上這種研究用的特殊情況，銀鷗似乎不需要這種辨識鳥蛋的能力，因為通常蛋不會滾到另一個巢裡。自然界中，由於缺乏認知能力而被利用的情況也並不鮮見。比如歐洲杜鵑鳥，由於其他鳥類無法認出自己的蛋和後代，牠們就利用這一點，把自己的蛋下在別人的巢裡。而巢的主人似乎把這個經驗法則定格在了自己的腦中：「凡是巢中的小鳥都得餵養。」在這種特殊的鳥類環境中，當鳥巢彼此是分散獨立的，且雛鳥不能在鳥巢間移動，因此，在照顧雛鳥的過程中，辨認蛋或雛鳥並不是必要的能力。

相反地，人類有極佳辨認面孔、聲音和畫面的能力。在一連串的歎息、聲響、味道、氣味和觸感中，有的是新鮮的，有的是很久之前的體驗，我們很容易就能將兩者區分出來。在一項著名的實驗中，受試者以一張五秒的速度看一萬張圖片。兩天後，他們正確地辨認出了八千三百張。[3]此外，任何電腦程式在人臉識別上都比不過小孩子。為什麼會這樣呢？

如我們在第四章中提到的，有少數物種會與不相關的成員進行互惠交換，人類就屬於其中一種，比如，人們會交換商品、參與社交或自發組織團體。如果我們不能識別出面孔、聲音或名字，我們就無法說出自己之前遇到過什麼人，也就想不起誰曾與我們公平交易、誰曾欺騙過我們了。假使如此，「我今天和你分享我的食物，明天你也讓我得點利益」這種互惠互利的社交，也就無法得到保持和強化了。

其他類型的記憶（比如回憶）遭到損壞後，辨識記憶仍然存在。丟失記憶的老年人和腦部受損的病人說不出某些事物的特徵，也記不起遇到它們的時間。但他們往往知道（或是某種表現證明）自己以前經歷過這些事物。比如一位五十四歲員警R的例子，R患有嚴重的失憶症，認不出熟人，甚至連他的妻子和母親都認不出來了。有人也許會說，他喪失了認知能力。可是，在一項測試中，測試人員讓他看兩張照片，一張是名人的照片，另一張是普通人的照片，他能夠像正常人一樣準確地指出哪一張是名人的照片。[4]事實上，他所喪失的是回想的能力，亦即對回憶熟人相關資訊的記憶能力遭到了損壞。由於辨識記憶可以在其他認知能力受損後繼續運作，因此我將這看作原始心理機制。

第一章中，百萬獎金的問題表明，辨識捷思的目的不是辨識出事物，而是用於推論出其他事物。下面我們來詳細瞭解一下。

辨識捷思

辨識捷思是適應工具箱中的一個簡單工具，它能引導我們進行直覺性判斷、推斷和個人選擇。「推斷」，指的是具有單一且清楚答案的判斷，比如，道瓊指數本週是否會上漲，或者某個選手是否會在溫布頓網球錦標賽取得勝利。推斷可能是正確的，也可能是錯誤的，正確的推斷能夠賺錢，錯誤的推斷會損失錢。如果沒有單一的、清楚的判斷標準，就稱為「個人選擇」——選擇一條裙子、一種生活方式，或者伴侶。個人選擇更多是品味問題，而不是客觀的對錯問題，儘管兩者之間的界線有時是模糊的。

我們首先來看個人選擇。一位商學院教授曾告訴我，他購買音響時，是依據品牌名稱為指標。他不想浪費時間去看專業雜誌，而只考慮自己知道的品牌。他的經驗法則是：

> 買音響時，選擇你知道的品牌，和第二便宜的那款。

品牌識別將選擇範圍縮小，而第二便宜的價格是做最後決定的補充條件。其中的原理就是，如果你聽過某個公司的名字，很可能是因為它的產品好。而對於最後的補充條件，教授的理由是，聲音技術的品質已經超出他能分辨的水準，他從中也聽不出什麼不同；而避開最便宜價格的原則，排除了公司專為低價市場生產的最差配置的可能。這一原則既節省時間，也避免了上當受騙。

再來看推斷。當名稱與事實之間有著可靠關聯時，辨識捷思就能準確推斷。為了方便說明，假設這種關聯是正向的。以下是辨識捷思從兩種選擇中的推斷：

如果你只認識其中一個選項，那你可以推斷認識的那一個較有價值。

根據經驗，我們能判斷名與實之間是否具有正向關聯。名稱和品質之間的巨大關聯存在於競爭性的環境中，比如，大學、公司或體育團隊。存在這種關聯時，無知其實就是有益的。也就是說，假如沒聽說過某些大學、公司或體育團隊時，這樣的「無知」反而可以告訴我們一些訊息。藉由反映認知正確率的辨識效度，可以簡易評估自己的無知多麼有用。以二〇〇三年溫布頓網球錦標賽第三輪

羅迪克Andy Roddick		羅巴度Tommy Robredo
費德勒Roger Federer		費許Mardy Fish
斯里查潘Paradorn Srichaphan		納達爾Rafael Nadal
舒特勒Rainer Schuettler		馬丁Todd Martin
波克曼Jonas Bjorkman		吉姆斯托Justin Gimelstob
米爾尼Max Mirnyi		卡洛維奇Ivo Karlovic
羅佩茲Feliciano Lopez		賽瑞塔Flavio Saretta
夏爾肯Sjeng Schalken	vs	漢內斯庫Victor Hanescu
艾諾伊Younes cl Aynaoui		阿格西Andre Agassi
索德林Robin Soderling		赫曼Tim Henman
庫切拉Karol Kucera		納爾班迪恩David Nalbandian
史特潘納克Radek Stepanek		菲力浦西斯Mark Philippoussis
薩格西安Sargis Sargsian		費瑞羅Juan Carlos Ferrero
涅米寧Jarkko Nieminen		羅切斯Olivier Rochus
諾瓦克Jiri Novak		波普Alexander Popp
慕迪Wesley Moodie		葛羅尚Sebastien Grosjean

的對陣圖為例：

不論是認識上面所有選手的專家，或是完全不認識以上選手的人，都無法根據辨識捷思推斷出勝利者。只有部分無知，也就是當你不認識其中的一部分人時，這種捷思才能引導你的直覺。假如想判斷你個人的辨識效度，請先標出所有你聽說過的網球運動員；然後選出那些你只認識其中一人的對陣組，再計算出你認識的球員有幾位獲勝（表格的左欄是勝方，右欄是落敗選手）。將這個數字除以你只認識一位的組別數量，得出的結果就是你對這輪賽事的辨識效度。比如，如果你只認識羅迪克、費德勒、舒特勒、阿格西和諾瓦克，辨識捷思在這五組選手裡猜對了四組，也就是說，辨識有效率高達八十％。使用這個經驗法則時，你只猜錯了阿格西對艾諾伊這場的勝方，儘管你對這輪賽事幾乎什麼都不知道。如果你剛好認得半數選手的名字時，辨識捷思最為準確。如果你的辨識效度超過五十％，那麼，你的無知其實頗有智慧，它讓你戰勝了隨機猜測。

如果你想在其他情況下測試這一點，下面這個公式將對你有所幫助：

辨識效度＝正確推斷的數量／所有推斷的數量

像所有經驗法則一樣，辨識捷思也不總能得出正確的答案，辨識效度一般都低於百分之百。

而且，你的認知並不是針對所有問題都有著同樣的正確率，而是取決於問題的種類和推斷的性質。讓我們以致命性的疾病和傳染病來舉例。一項研究發現，人們在推斷兩種疾病中哪一種更常見時，辨識有效率在六十％左右。[5]也就是說，在六十％的情況下，人們認得的疾病會傳播得更為廣泛。這一結果的準確性比隨機猜測好一些，但卻不如對溫布頓網球賽的預測（準確率已達七十％左右）。推斷兩個外國城市中哪一個城市人口較多，其辨識有效率更高，約八十％。以上幾種情形中，存在著一種「仲介」，是它將疾病、球員或城市的名字引入公眾的注意。其傳遞途徑包括報紙、收音機、電視和口頭宣傳。

圖7—1說明了辨識捷思是如何運作的。在圖的右邊是具備部分辨識能力的民眾，也就是說，他們對名字的辨識是有限的。

圖的左邊是他們試圖推斷的問題（品質），比如，哪位選手會贏得比賽、哪個城市要大一些，或哪種產品更好。最上面，是環境中的仲介，比如報紙。某個球員的能力或某種產品的品質，或許能由它們被公關媒體提到的頻率反映出來。

如果是這樣，那麼，這些球員和產品即擁有較高的「品質印象」。比如，一個跑鞋製造商能夠藉由生產高品質的鞋，在媒體上打響名號。另一方面，某個名字在新聞中出現的頻率越高，人們就越可能聽說過這個名字，不管它的品質到底如何。因此，製造商也可利用媒體廣告，生產普通的產品，希望人們會因為聽過品牌而購買，這時廣告就成了一個非常有影響力的變數。這就是簡化三角，許多廣告商都是

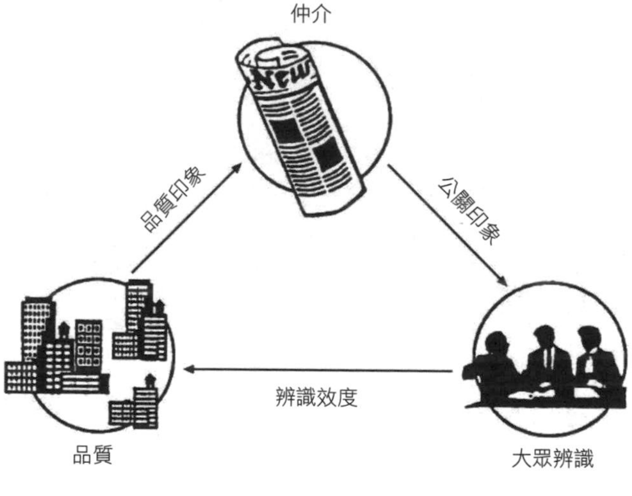

■ 圖 7-1 辨識捷思對品質的運作原理。品質印象：高品質的東西被媒體提及的次數多於低品質的東西。公關印象：經常被提及的事物更容易被記得。辨識效度：因此，越容易被辨識出來的事物通常品質較好（請參見Goldstein and Gigerenzer, 2002）。

這樣做的。只要能測量品質和廣告的影響，我們可以預測，在哪些情況下，憑藉名稱辨識是有幫助的，在哪些情況下可能造成誤導。

以上是理論。可是在實際生活中，人們真的會用辨識捷思嗎？讓我們先從足球比賽說起。

■ 預測贏家

英格蘭足球總會（The Football Association）成立於一八六三年，是英國足球比賽的管理機構。它代表了數以萬計的球隊和超過一百萬名的球員，並負責舉辦球賽。足總盃是世界歷史最悠久的足球比賽，也是英格蘭各地足球隊的重要年度賽事。球隊是隨意組合的，所以，著名的球隊常常會與名氣較小的俱樂部比賽。看看下面的賽事：

曼徹斯特聯隊（Manchester United） 對陣 舒茲伯利城鄉隊（Shrewsbury Town）

誰會贏呢？在一項研究中，讓五十四名英國學生和五十名土耳其當地學生來預測這場比賽，以及其他三十一場第三輪足總盃比賽的結果。[6]在預測哪支球隊會贏前，英國學生對之前的紀錄和當前情況有足夠的瞭解，能夠權衡勝率。而土耳其學生對英國球隊瞭解甚少或不感興趣，然而，土耳其學生的預測幾乎和英國學生的預測一樣準確（六十三%與六十六%）。原因在於，那些外行的土耳其人在九十五%的情況下（六百六十二場中的六百二十七場比賽）直覺性地用了辨識捷思。但是，一位能記住所有球員名字的英國學生則無法利用這種法則。而一個只聽說過曼徹斯特聯隊，沒聽說過舒茲伯利城鄉隊的土耳其學生，正可以藉著部分無知，更快地猜出正確答案。

個人無知產生集體智慧

每一年，有數百萬觀眾來到溫布頓觀看網球比賽，它是網球年度四大滿貫賽事之一，也是唯一一個還在天然草地上打的比賽。在二〇〇三年的男子單打比賽中，有一百二十八名球員參加。我們已經見過進入第三輪比賽的三十二名球員的名字。參賽球員種子的排序，是參考職業網球協會（**Association of Tennis Professionals, ATP**）積分，和溫布頓專家對球員們進行的排名，在全部一百二十七場比賽中，人們有理由預測排名高的球員獲勝。事實上，對於同一場比賽，兩種排序預測比賽結果的正確率分別是六十六％和六十八％。而賽會排序種子選手的預測則高了一些，正確預測率達到了六十九％。

那麼，一般人憑藉直覺判斷的結果如何呢？一項研究表明，在聽說過其中一名選手而沒聽說過另一名選手的情況下，外行人和業餘愛好者九十％會使用辨識捷思。[7]業餘愛好者聽說過大約一半球員的名字，而外行人平均只聽說過十四名選手的名字。球員們的排名是根據認識他們名字的一般人的數量，然後據此預測，排名高的球員會獲勝。我將這種排名看作「集體辨識」。有些人甚至連一半球員的名字都沒聽說過，你敢根據這種集體無知下賭注嗎？

外行人的集體辨識對結果預測的準確率達到了六十六%，並不輸給ATP排名的預測。而業餘愛好者的預測正確率是七十二%，比三項官方排名的任何一項效果都好（見圖7—2）。一項對二○○五

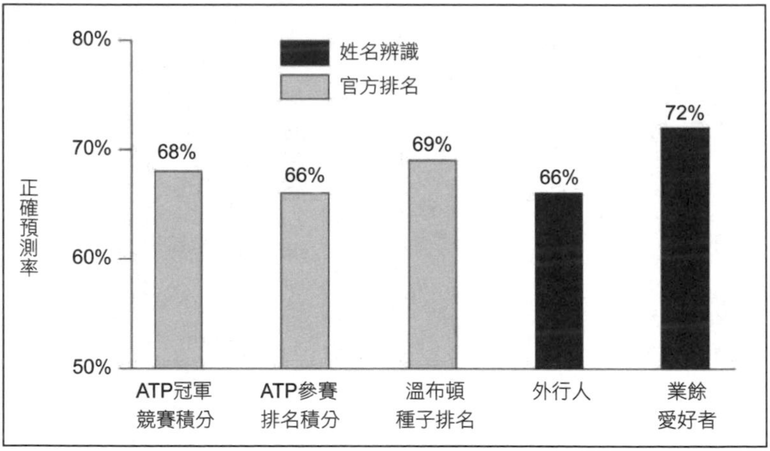

■ 圖 7-2 如何預測二〇〇三年溫布頓男子單打比賽的結果？可參考的標準有：（1）ATP冠軍競賽積分，官方對網球選手進行正式的世界排名；（2）ATP參賽排名積分，最近五十二週的官方排名；（3）種子排名，代表著溫布頓官方的專家提供的排名。那些只聽說過少數球員的外行人和只認識其中一半球員的業餘愛好者則根據集體辨識來預測結果。那些以集體辨識為依據的、只具備部分資訊的民眾對結果預測的準確性，和三項官方標準比起來有過之而無不及（請參見 Serwe and Frings, 2006）。

年溫布頓網球賽的研究也得出了同樣的結果。兩次研究都證實，個體無知也能生出集體智慧，此外，一定程度的無知是有益的，少即是多。但這些研究並未告訴我們這個程度是多少。

少即是多效應

我要先講一下我們是如何發現，或者說是誤打誤撞發現「少即是多效應」，這是一個奇怪的故事。當時，我們在測試一個完全不相關的理論，我們需要兩組問題，一組簡單的，一組複雜的。對於簡單的問題，我們選擇了一百個問題，比如：「慕尼黑和多特蒙德（Dortmund），哪個城市的居民較多？」[8]這些問題是以德國前七十五個大中型城市為範圍。我們拿這些問題去問奧地利薩爾茲堡大學的學生（當時我還在那裡教書），他們對德國的城市非常瞭解。我們想，既然這樣，那麼關於美國前七十五個大城市的一百個類似的問題就應該放在複雜的那一組了。可是當我們看到結果時，簡直不敢相信自己的眼睛（假設我們還沒讀過本書的第一章）。關於美國城市的問題，學生們的答案經常是正確的，而關於德國城市的問題卻不然！我不明白，他們對複雜問題的回答怎麼可能與簡單問題的回答一樣好。

薩爾茲堡的餐廳非常不錯。那晚，我的研究小組就在一家餐廳吃飯，我們都為實驗失敗而感到難過，我們無法解釋這種令人困惑的結果。最後，終於恍然大悟，如果學生知道得不多，也就是說，沒聽說過許多美國城市的名字，他們會直覺性把對它們的無知當作資訊。而對於德國城市，他們就做不到這一點。利用無知的智慧，他們在回答兩類問題時可達到同樣的正確率。人們常說，研究人員就像夢遊者一樣，得靠創造直覺引至知識的終點，卻看不清前方。而我，則像另一種夢遊者：無法理解直覺思維創造的預感。後來，我們又有了意外的新發現，所謂有心栽花花不開，無心插柳柳成蔭，而這柳樹比花更加有趣。

可是，少即是多效應是如何產生的呢？假設有三兄弟同時申請美國愛達荷州的一所學校。校長對他們的綜合知識測試從地理開始。他說了兩個歐洲國家的名字，西班牙和葡萄牙，問他們哪個國家的人口多一些。首先回答的是最小的弟弟。他甚至連歐洲都沒聽說過，更別說這兩個國家了，他只能靠猜。然後校長又問了他另外兩個國家，可是弟弟也只能隨機猜測，結果回答錯了。然後，輪到二哥出場了，和弟弟不同的是，他偶爾看新聞，聽說過一半的歐洲國家。即便他認為自己是靠猜的，因為他只是聽說過那些國家，並沒有什麼特別的瞭解，可是，他最終回答正確了三分之二的問題，並順利通過了測試。最後參加測試的是大哥。他聽過所有國家的名字，儘管除了名字以外他也別無所知。令人吃驚的是，他的表現還不如二哥。

為什麼會這樣呢？最小的弟弟一個國家的名字都沒聽說過，不能使用辨識捷思，只能隨機猜測（見圖7—3）。大哥聽說過所有國家的名字，也不能使用這種捷思，也只能隨機猜測（五十％）。只有聽說過其中一些國家的二哥能使用辨識捷思；由於他聽過一半國家的名字，所以他更常能使用捷思，並且有較好的表現，正確率高達六十五％。為什麼呢？

假設二哥的辨識有效率是典型的八十％，二哥可以一半靠猜，一半用捷思，靠猜的正確率是二十五％（半數問題的一半），使用捷思的正確率是四十％（八十％的一半），總共加起來就是六十五％，這個機率比隨機猜測要好一些，儘管他對人口數一無所知。圖中的曲線，說明了三兄弟在名稱辨識能力處於中間水準時的表現。在這條曲線的右邊，就可以看出「少即是多效應」：聽過所有國家名字的哥哥，表現反而較差。

現在再來看申請同一所學校的三姐妹。兩位姐姐對兩個國家多少有些

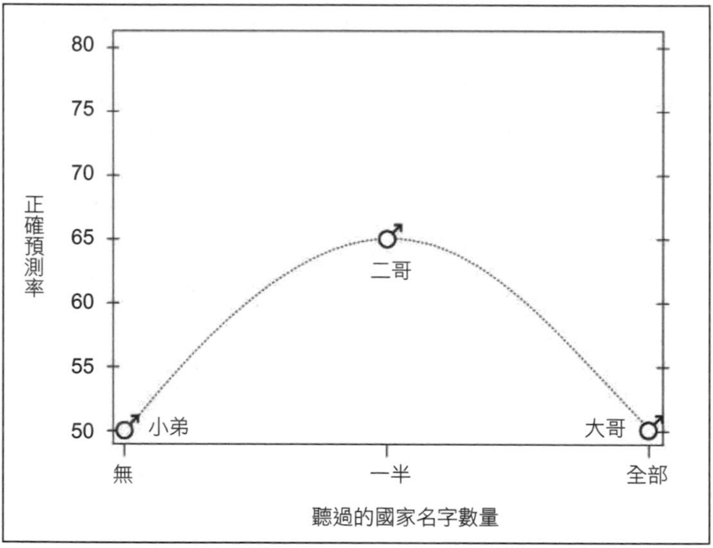

■ 圖 7-3 少即是多效應。圖上反映的是，向三兄弟提問，問他們兩個國家中哪個國家的人口要多一些。除了二哥聽過一半國家的名字，大哥聽過所有國家的名字外，他們對這些國家一無所知。弟弟和大哥不能使用名稱辨識捷思，因為他們一個根本沒聽過這些國家的名字，一個聽說過所有國家的名字，所以他們只能隨機猜測。只有二哥能使用名稱辨識捷思，使用這種方法，即便他不知道其他資訊，也能提高表現。

瞭解，比如，德國是歐洲人口最多的國家。如果她們聽說過這兩個國家，這點額外的知識能讓她們的正確率達到六十％（比隨機猜測多了十％）。[9]校長對她們進行同樣的測試。像上面最小的弟弟一樣，小妹並沒有聽說過任何一個歐洲國家，所以只能靠運氣猜。可是，聽過所有歐洲國家的大姐能達到六十％的正確率。她們兩人都不能使用辨識捷思。二姐聽說過一半國家的名字，她的表現也比大姐好，如7－4的曲線所示。

這是否意味著部分無知結果總是好的？圖7－4中上面那條曲線代表了「少即是多效應」消失的情況。當人們知識效度相當於或者超過了辨識效度的時候，這種情況就會發生。該曲線表明，這兩者的效度都是八十％，意思就是，當某人知道這兩個國家，且正確回答機率是八十％，或者只知道其中一個國家，答題的正確率也能達到八十％；[10]在這種情況下，「少」就無法變成「多」了。

我和古斯坦已經證明過，「少即是多效應」可以出現在不同的情況下。首先，當知識比較豐富的那一組的推斷結果比知識較少的那一組差，即可以見到這種效應，比如，在回答底特律和密爾瓦基哪一個城市較大的問題上，美國學生和德國學生的表現（見第一章），即顯現出少即是多效應。其次，這種效應也會出現在不同領域之間，也就是說，當同一組人，在面對瞭解較少的領域時，回答問題的正確率卻會高於瞭解較多的領域。比如，對美國學生進行測試，問他們美國最大的城市（比如紐約和芝加哥）和德國最大的城市（比如科隆和法蘭克福）時，對關於自己國家的問題，他們的正確率是七十一%，而對不那

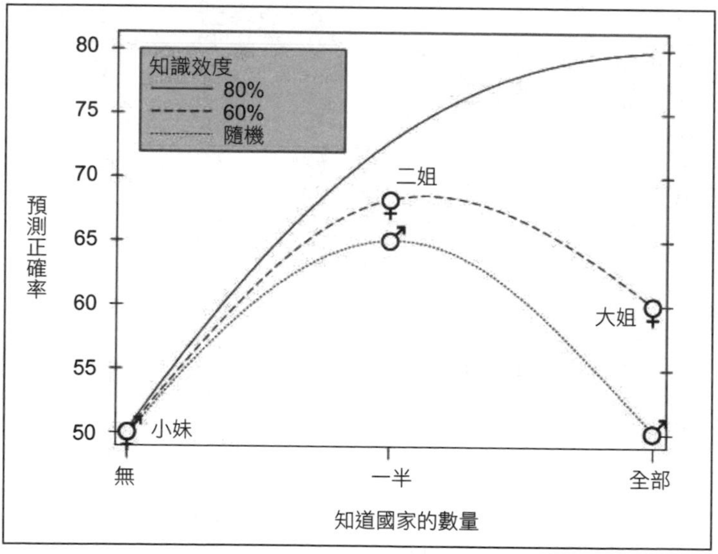

■ 圖 7-4 當人們知道一些事情時反映出的「少即是多效應」。大姐聽說過所有的國家，也知道一些相關的資訊，她回答問題的正確率是六十%。二姐有一半的國家沒聽說過，所以，她能利用名稱辨識捷思，答題的正確率高過了大姐。只有當知識效度和辨識效度一樣時，少即是多效應才會消失。

麼熟悉的德國，他們的正確率卻達到七十三％。[11]即便許多美國學生知道美國最大的三個城市及其排序，不用再進行推斷，仍然會出現這樣的結果。第三，「少即是多效應」也會出現在知識習得的過程中，也就是說，當我們表現先是提高，之後下降，就是受到這種效應的影響。所有的這些例子都表明了同樣的原理，通過這個原理我們就能理解，為什麼網球業餘愛好者的預測，要比ATP的官方排名和溫布頓的專家排名更準確了。

在什麼情況下遺忘是有益的

一般人認為，遺忘會阻礙好的判斷。然而，在本書的最開始，我們介紹了俄國的記憶達人史洛歇夫斯基，他擁有完美的記憶，但他的記憶裡全是各種各樣的細節，反而讓他無法抓住一件事情的要點。遺忘在什麼時候有益於認知能力，對此，心理學家也進行了細緻的研究。[12]以知道所有國家名字的大姐（圖7－4）為例。如果我們將她從右邊的曲線往二姐的方向移動，她的表現會更好。忘記了某些國家的名字，她就能更多地使用辨識捷思。當然，忘記太多也不好：如果她移得太多，移往小妹這一邊，那麼她的表現又會更差。

換句話說，如果大姐不再準確記得所有聽說過的國家，那麼這種遺忘就成了她的優勢。不過，只有在有系統的而不是隨意的遺忘，這種情況下才會產生有益的效果。也就是說，她必須傾向忘記小國家的名字。圖7－4還表明，遺忘的有益程度還取決於知識的多寡：當我們知道得越多，遺忘的效益就越少。三兄弟中的大哥得益於遺忘的程度，就比三姐妹中的大姐高。我們可以合理假設，對某個領域知道得越多的人，可能遺忘得越少。那麼，遺忘能促進經驗法則的推斷嗎？對此，我們也瞭解甚少。但是，我們開始瞭解到，認知受限不是一種簡單的缺損，它還能促成好的判斷。

什麼時候應追隨最無知的人

讓我們再來看第一章中的遊戲。這一次，主持人向一個三人小組提問：「底特律和密爾瓦基，哪個城市的人口較多？」同樣，他們誰都不知道確切的答案。如果三人沒有共識，那麼，就以少數服從多數來決定，這就叫「多數原則」。[13]在一項實驗中，發生了以下衝突，這三人小組中，有兩個人聽說過這兩個城市，然後，他們單獨得出的結論都是密爾瓦基要大一些。可是第三個人只聽說過底特律，然後就認為底特律要大一些。他們如何達成一致呢？既然有兩個人或多或少知道這兩個城市，人們就會認為，多數原則應該會取得優勢。可是令人吃驚的是，超過半數的小組（五十九％）最終會採用那些一無所知的人的選擇。如果同時有兩個人靠名稱辨識捷思判斷，那麼這一數值還會增加到七十六％。[14]

整個小組的答案以那些一無所知的人的判斷為主，這也許看似奇怪，但實際上我們可以證明，當辨識效度大於知識效度時（這個實驗中的受試者們就是如此），這是一種成功的直覺。因此，遵循最無知的人的選擇，這個看似不合理的決定，卻提高了整個小組的正確率。該研究同時還顯示出小組中的少即是多原則。當兩個小組的平均認知和知識效度一樣時，認得城市較少的小組，提供的正確答案越多。比如，一個小組的成員，平均只知道六十％的城市，而另一個小組平均知道八十％；但第一個小組回答問題的正確率是八十三％，而第二個小組的正確率只有七十五％。所以，小組成員們似乎直覺上就相信辨識捷思的價值，它可以提高正確率。

然而，這種（遵循無知中的智慧的）小組決定中，又包含多少有意成分呢？小組討論的紀錄顯示，在少數例子中，最無知的成員會清楚地說某個城市一定要小一些，因為他們沒聽說過它，而其他人就開始發表看法。但是，在大多數例子中，小組討論並沒有明確的說法或者理由。然而，值得注意的是，那些運用了辨識捷思的人是瞬間做出決定，這令那些知道得更多反而需要時間思考的成員欽佩不已。

品牌的力量

如果你看雜誌或電視，就會注意到，許多廣告都沒有提供實際的資訊。比如，班尼頓（Benetton），它只將品牌名字和震撼的圖片（比如血池裡的屍體或垂死的愛滋病人）放在一起。為什麼公司會投資這一類廣告呢？答案是為了提高品牌識別度，因為消費者常常利用辨識捷思。班尼頓背後的男人——設計師奧里耶洛．托斯卡尼（Olivierro Toscani）說，廣告已經使班尼頓超過香奈兒，成為了世界五大知名品牌之一；此外，班尼頓的銷量也足足增加了十倍。[15]假如消費者們並不依賴品牌名稱識別選擇產品，那麼，無資訊廣告絕對會失效。

品牌識別的影響甚至延伸到了食品行業。有人進行了一項實驗，讓受試者們從三罐花生醬中選擇一罐。[16]研究人員進行了預先的測試，其中一個品牌被評為優質花生醬，通過盲測法，受試者們試吃後選出優質花生醬的正確率是五十九％（比隨機猜測的機率大多了，隨機猜測的正確率才三十三％）。而對另一組受試者進行測試時，研究人員在罐子上貼上標籤，其中一個是廣告打得很兇的全國知名品牌，所有的受試者都知道它，而另外兩個是他們從沒聽說過的品牌。然後，實驗者將優質花生醬放入貼有陌生品牌標籤的罐子裡。受試者們選出優質花生醬的機率還是如此嗎？不。這一次，有七十三％的人選擇了貼有熟悉品牌標籤的非最優質產品，只有二十％的人選對了優質產品（圖7—5）。可見，品牌識別比味覺更有影響力。

在第二次品嘗測試中，研究人員將相同的花生醬放入三個不同的罐子，然後將兩個罐子貼上陌生品牌的標籤，在另一個罐子上貼上知名品牌的標籤。結果如出一轍。這一次，七十五％的受試者選擇了貼有知名品牌標籤的花生醬，即便裡面裝的

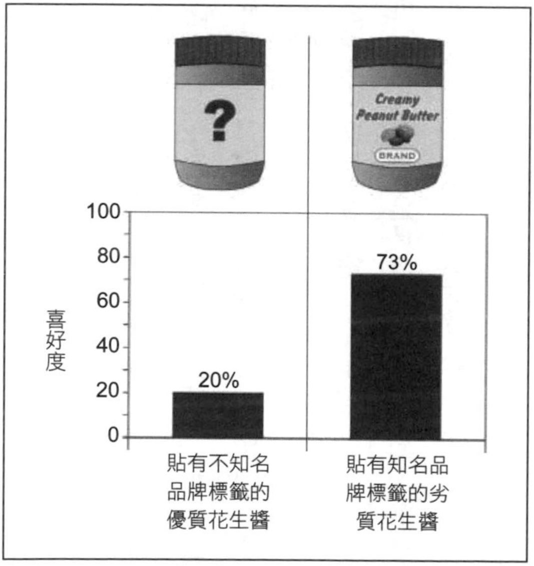

■ 圖 7-5 品牌識別比味覺更有影響力（請參見Hoyer and Brown, 1990）。

東西和另外兩個罐子裡的一模一樣（圖7—6）。品牌知名度甚至還能帶來更高的價格，與這種辨識捷思相比，口感和價格就沒那麼重要了。

如果公司提高產品品質，隨後又通過口碑或廣告宣傳提高了品牌知名度，那麼，依靠品牌識別就是合理的。對此，我們可以從圖7—1中看出，圖的右邊是消費者，左邊代表產品品質，上面是仲介，產品品質和媒體形象有著深切的關

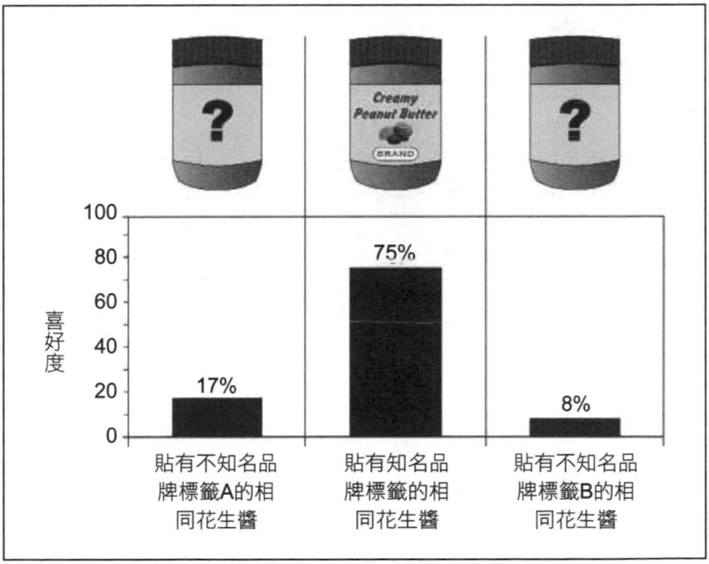

■ 圖 7-6　不同的標籤，同樣的花生醬（請參見Hoyer and Brown, 1990）。

聯。然而，無資訊廣告簡化了這一流程。各公司直接花鉅資提升其品牌在媒體中的知名度，他們競相在消費者的辨識記憶中爭取一席之地，而這種競爭使他們不再有興趣去提高產品本身。在這種情況下，品質和媒體形象之間的關聯就為零。

當消費者只能通過標籤來區分產品時，品牌識別和名聲就能取代對產品的喜好，成為做出選擇的原因。許多喝啤酒的人有自己喜歡的品牌，並且覺得這種啤酒比其他啤酒好喝。他們會覺得這種酒更香、更醇，沒那麼苦，麥芽濃度也合適。一些消費者理論將這些偏好視為理所當然，並假設商品種類越多，消費者就越能夠找到適合自己的產品，讓他們的選擇更加理想。然而，盲測的結果又一次表明，消費者們無法品嘗出自己喜歡的品牌。隨意挑選三百名喝啤酒的美國人（他們一週至少喝三次啤酒），然後將五種全國品牌和地方品牌的啤酒放在他們面前試飲。[17]當瓶子仍貼有標籤時，這些人都給自己所喜愛的品牌最高評價。而一旦撕下標籤，變成盲測，則沒有一個人能夠給自己所喜愛的品牌最高評價！

如果消費者只能根據名字來區別品牌，那麼，「選擇越多越好」的說法就不具有經濟學上的合理性。那些花錢購買你辨識記憶空間的商家已經明白了這點。同樣，政治家們也會宣傳他們的名字和面孔，而不是計畫。另外，大學、想要成名的人，甚至小國家都奉行這一原則：如果我們不認識他們，就不會喜歡他們。極端地說，被識別本身就是一種目標。

違背名稱辨識的決定

辨識捷思是否有效，必須取決於兩個流程：認知和評估。首先，問自己「我認得選項中的哪些東西？」然後決定是否使用捷思。其次，問自己「我可以憑藉辨識做出選擇嗎？」然後評估它是否適用於當前的情況。比如，我們去森林遠足時，看到不認識的蘑菇，很多人都會猶豫該不該採來吃。然而，當我們在餐廳裡看到同樣的蘑菇時，我們會毫不猶豫地吃下去。在森林裡，我們遵循辨識捷思：如果我們不認識它，那麼它可能有毒。而在餐廳裡，我們不用遵循這個原則，因為在這個餐廳裡，不認識的東西也可以食用。這個評估流程並非總是在有意識中發生。只是人們直覺性地「知道」，在什麼情況下「不認識」表示「不安全」。

在無意識的（類似於反射作用）經驗法則中，該評估流程是不存在的。相反，辨識捷思是具有彈性的，而且可以有意識地抑制。這個評估流程如何發生作用我們還不知道，但我們掌握了一些線索。流程的一方面是判斷我們是否能找出有用的資訊，以瞭解人們想知道什麼。比如，問史丹佛大學的學生索薩利托（Sausalito，金門大橋以北的一個小鎮，居民只有七千五百人）和河京（一個虛構、聽起來像中國城市）哪一個的人口較多時，許多人不再依靠名稱辨識捷思。他們可以肯定離學校不遠的索薩利托很小，所以猜測河京有較多人口。[18]辨識的來源是評估過程中另一個有關的因素。在同一個研究中，人們被問及車諾比（Chernobyl）和河京哪個人口較多，只有幾個人的答案是車諾比。它雖因核電廠事件而出名，但這卻與其人口數沒有關係。在這些情況下不依靠名稱辨識捷思是一種選擇性的、明智的反應——當然除了這個研究以外，因為研究人員編造了一個根本不存在的城市，誤導受試者的判斷。

■評估過程是否存在神經機制？

我認為「名稱辨識捷思」的運作方式十分靈活，這代表我們的思緒會評估是否應該在某個特定情況下使用它，而這種評估過程，就是所謂的「無意識智慧」。假如這種評估過程的確存在，它應該能與辨識過程有所區隔。因此，當人們考慮是否遵循這種捷思的時候，我們應該能夠在他們的大腦內觀察到獨特的神經活動模式。我們請受試者比較來自加拿大、英國、法國、荷蘭、義大利、西班牙和美國等地的成對城市，並用功能性核磁共振造影（functional Magnetic Resonance Imaging, fMRI）掃描他們大腦活動狀況[19]。其中一組受試者必須回答哪個城市人口數較多，另一組則只需指出自己認得哪一個城市。第一組任務涉及評估過程，第二組則只牽涉到辨識記憶能力。

掃描結果是否發現評估過程具有任何神經機制？這種活動必須相當具體。也就是說，當研究人員比較第一組受試者在使用辨識捷思和未使用時的大腦影像時，應該可以觀察到特定的大腦活動。第二組只需指出自己是否認得某些城市的受試者，則不會出現這種大腦活動。研究顯示，第一組受試者的腦前額葉近中央內側皮質區（圖7—7）的確出現某種特定的神經活動，第二組受試者則無。從活動發生的部位來看，這個過程並非衝動，而是基於一種無意識智慧的評估過程。人們對於大腦這個部位的實際功能為何仍有爭議，儘管有人提出它能協助我們評估情勢、控制錯誤並處理衝突反應。從這個部位獨特活動模式看來，它的確與這種評估過程，即無意識智慧有神經上的相關。

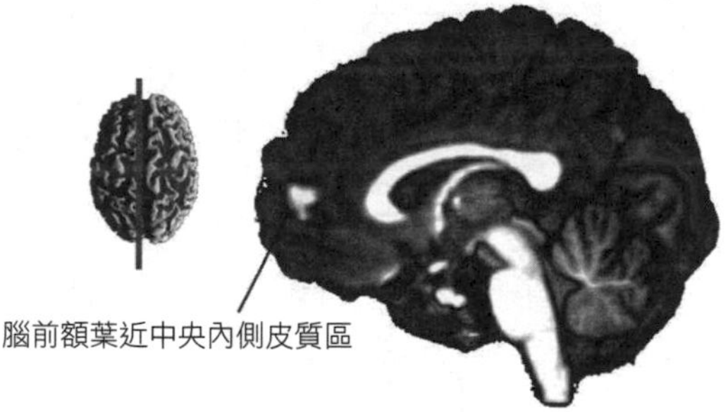

■ 圖 7-7 評估過程的神經機制。人們在決定是否使用辨識捷思時，腦前額葉近中央內側皮質區（anterior frontomedian Cortex, afMC）會出現某種特定活動。

■ 我的牛排在哪裡？

音樂廳很清楚演出具有辨識性的劇碼的重要性。人們喜歡反覆聆聽相同的音樂，所以《茶花女》（*La Traviata*）歷久不衰，不知名的歌劇則乏人問津。對於熟悉感的偏好，有時候會和嘗試新事物的喜好相互衝突。二〇〇三年，指揮家賽門・拉圖爵士（Sir Simon Rattle）率領當時堪稱世界最優秀的管弦樂團——柏林愛樂，到美國巡迴演出。他們在紐約的演出曲目是許多人未曾聽過、德布西（Debussy）的《海》（*La Mer*）。拉圖表示：

> 當我們在紐約演奏德布西的《海》時，半數的觀眾雙手環抱且滿臉不悅地坐在台下。他們想要的是紅屋牛排，但我們卻端上陌生的食物。有些觀眾認真豎起耳朵聆聽，有些人從頭到尾都抱著懷疑的態度，不斷想著：「我的牛排在哪？」為了取悅觀眾的口味，而放棄自我堅持，將會是個錯誤。[20]

在這個案例中，觀眾不信任世界頂尖指揮家的音樂品味，而是依憑「我沒聽過，所以我不喜歡」的直覺。光憑個人名聲就能讓音樂廳座無虛席的拉圖，可以忽視觀眾有限的音樂辨識力，但正在努力闖出名號的小牌音樂家與樂團，可就沒這本錢。

有更不著痕跡的方式，可以克服人們對陌生事物的排斥感。十八世紀法國經濟兼政治學家杜爾哥（Turgot）提倡改革，據說他試圖將馬鈴薯引進法國，但遭受農民不斷抵制這個陌生的食物，直到他想出一個絕妙的方法——規定只有國營的實驗性農場才能種植馬鈴薯。不久，農民群起抗議，要求在自家農地種植馬鈴薯的權利。在這個例子裡，對陌生事物的排斥感，被「別人有的，我也要有」的這種社會競爭動機取代。由此可知，我們有許多方法能克服對熟悉事物的偏好。像拉圖這樣知名的指揮家，可以偶爾忽略名稱辨識的重要性；像杜爾哥這般睿智的政治家，能夠用嫉妒來降低人們對新事物的排斥。

即使如此，在多數情況下，「跟著感覺走」的直覺感受仍是有用的人生指引。我們能否有效運用這種直覺感受，關鍵在於「辨識」和「評估」這兩個過程。前者決定簡單法則是否適用，後者決定是否該使用這個法則。當名稱辨識捷思有效時，人們通常本能上會採用，而這個基於個人無知所衍生出來的集體智慧，甚至可能超越專家知識。

Chapter 8

好的理由，一個就夠了

男人可以矮小、肥胖，甚至禿頭，但只要他熱情如火，女人就會愛上他。

——梅．蕙絲（Mae West）

有誰會只憑一個理由做出重要的決定呢？人們大都會贊同：要找出所有相關的資訊，進行衡量，然後再得出最後的判斷。然而，人們往往違背官方的指導方針，遵循直覺性的判斷，也就是我所說的「單一理由決策法」（one-reason decision making）。[1]許多廣告公司也是這麼做的。當漢堡王和溫蒂漢堡開始對麥當勞知名度造成威脅時，麥當勞會怎麼做？它打出的廣告僅以一個理由為核心，為我們提供了一個選擇麥當勞的理由：「在這裡，你會覺得自己是個好父母。」其潛在的心理解釋是，父母希望孩子愛他們，而帶孩子去麥當勞就能實現這一點，讓他們覺得自己是個好父母。[2]多幾個原因不是更可信嗎？諺語說得好：一個有太多好藉口的男人不值得信任。

在這一章，我會討論基於回憶記憶能力的直覺判斷。回憶超越了簡單的認知，它能從記憶中檢索出片段、事實或原因。這裡的原因是指有助於決策的線索或信號。先來看一下演化如何創造出適用單一理由決策的思維和社交環境。

擇偶選擇

羽毛鮮艷的雄天堂鳥是炫耀求偶的一方，純色的雌天堂鳥則是做出選擇的一方。雄性聚集在求偶的地方，站成一排或一群，開始求偶。而雌鳥則在候選者中走來走去，仔細觀察牠們。那麼，雌鳥如何選擇配偶呢？許多雌鳥似乎只基於一個原因：

觀察所有的雄性後，選擇其中尾巴最長的那隻。

只根據一個原因選擇配偶，這聽起來有些奇怪，可是有兩種理論能解釋這一行為。[3]其一是達爾文的「性擇」理論（sexual selection），統計學家羅蘭・費雪（Ronald Fisher）後來對這一理論加以闡述。根據此理論，雌鳥原本就喜歡長尾巴，因為尾巴長更有利於飛行。假設尾巴的長度對自然變異有著某種基因上的貢獻，那麼，母鳥的喜好便會觸發「失穩過程」（runaway process），導致後代尾巴越來越長。而任何選擇短尾巴配偶的雌鳥必須付出代價，因為如果她沒有生出長尾巴的小雄鳥，那麼她的孩子吸引雌性的機會就很少，再繁殖的可能性也更少了。雄鳥的尾巴於是一代比一代長，最終，雌鳥們普遍認為長尾巴的雄鳥更有吸引力。如此，在動物的思維中，在有著長尾巴、鮮豔的顏色和其他第二性徵的環境中，雌雄選擇的進程能創造出單一理由決策。

達爾文研究了迷人的雄性特徵中潛在的兩種機制。第一種是雄性相爭，它導致了鹿茸和羚羊角等的發達。但雄性之間的爭鬥並不能解釋孔雀開屏，所以，達爾文提出了另一種機制，那就是雌性選擇的力量。他認為雌性動物能夠感知美，雄性華麗的外在能讓她們高興。將近一百多年，達爾文的雌雄選擇幾乎完全被忽略，[4]與他同時代的男性不相信他的觀點，他們不認為鳥類或鹿能感知美，更不相信雌性的品味能影響雄性身體特徵的演化。就連達爾文的朋友們，比如托馬斯．亨利．赫胥黎（Thomas Henry Huxley），也試圖說服他放棄性擇理論。[5] 而如今，這一理論成為人們紛紛追蹤研究的生物學領域。人們也許會猜想，這個理論被人接受是不是和女性的公眾角色在西方社會崛起有關。然而，我們只是在瞭解性擇和單一理由決策之間的關係。正如性擇理論在生物界被長期抵制一樣，一個好的理由就能形成好策略的理論，在決策界依然遭到了反對。但我們懷抱希望，因為科學本身也在演化。

■ 累贅

用以解釋天堂鳥尾巴及類似特徵的第二個理論是阿莫茲．札哈維（Amotz Zahavi）的「累贅原理」（handicap principle）。在性擇理論所假設的失穩過程中，擁有華麗性徵的雄性不一定是優良配偶，因為雌性不再根據品質來選擇配偶；但根據累贅原理，這種雄性才是優良配偶。雄性天堂鳥的尾巴，類似於孔雀的尾巴，對於生存來說完全是無用的累贅，肯定是演化而來的。雄鳥炫耀尾巴，因為牠要告訴別人，即便擁有累贅牠也能生存。在這個理論中，一個好理由——最大的累贅，真的就是一個好的理由。不論闡述上有何不同，兩個理論都解釋了單一理由決策是如何傳播和發展的。

累贅原理也曾直接被科學界否定，直到一九九〇年情況才改變。[6]那一時期，針對孔雀的實驗，表明雌孔雀的選擇也是基於一個簡單的理由。與成功配對相關聯的唯一因素，就是雄孔雀羽毛上的眼狀斑點數量，但這種關聯又可能與其他因素相關，例如越強壯的雄孔雀，斑點越多。如果一些雄孔雀的其他特徵都和其他雄孔雀一樣，只是眼狀斑點的數量較少，那麼，雌孔雀就不會選擇他們了嗎？

在一個非常聰明的實驗中，英國研究人員將大約擁有一百五十支眼狀斑點羽毛的孔雀分成兩組，一半孔雀被剪掉二十支眼狀斑點羽毛，另一半維持不變。結果顯示，與之前斑點數不變的孔雀相比，那些被去掉了斑點數的孔雀成功配對的數量急劇減少。而且，研究人員並沒有看到一隻雌孔雀會與第一個向她求愛的雄孔雀配對，她們在選出配偶前，反而會先探察三隻雄孔雀。幾乎在所有情況中，雌孔雀都選擇了眼狀斑點最多的雄孔雀，[7]似乎雌孔雀採用的單一理由是經過基因代代相傳的。

如此，性擇和累贅原理都能在心理和環境中產生單一理由決策。基因與環境的同時演化就是所謂的「共同演化」。我們可能覺得天堂鳥選擇配偶時的這種極簡主義很有趣。然而，它好像已經存在千年，事實上，也存在於人類社會中。擇偶的單一理由往往和社會因素有關，比如，女人傾慕一個男人，只是因為其他女人傾慕他。這種單一理由，實質上保證了這個女人的同儕不但會認可她的選擇，更會羨慕她。

■無法抗拒的吸引因素

雄孔雀尾巴上的眼狀斑點數對雌孔雀來說，是有力的誘惑。大致來說，環境或多或少充斥著能控制動物、人類行為的各種誘惑。如我們之前提到的，一些杜鵑鳥將蛋下在其他鳥類的巢裡，讓牠們孵化和餵養小杜鵑鳥。在同一物種中，一個無法抗拒的因素就可騙得養父母餵養牠們，比如，雛鳥翅膀上的一個斑點，或者模仿其他雛鳥張開嘴。鳥巢主人的行為表明，由於認知限制，牠們無法區別杜鵑鳥的雛鳥與自己的雛鳥之間的區別。而一個還在抱玩具娃娃的小女孩卻能輕易區別玩具娃娃和人類的孩子，但玩具娃娃的可愛可能引發她的母性本能。同樣，一個正在看色情雜誌的男人會被女子的裸照吸引，儘管他知道那是不真實的東西。

無法抗拒的吸引因素可能是文化傳遞和演化的產物。選舉就是一個很貼切的例子。政治上的左右派就是一個簡單的文化因素，它為我們許多人提供了一種情感導向，教我們區分政治中的對與錯。這種情感如此強烈，它還構成了我們日常生活中的政治接納度。那些自認為是左翼的人們不想與右翼交好，甚至談話。同樣，對於某些保守派來說，民主分子簡直就是外星生物。讓我們仔細來看一下，這種強大的提示作用，究竟是如何塑造我們的認同感。

單向度選民

隨著蘇聯的解體，民主就成了歐洲和北美政府極力宣導的先進形式。它的制度給我們帶來祖輩們願用生命爭取的利益：演講自由、出版自由、公民平等和正當司法程序的憲法保證等。然而，還存在一個矛盾。菲利浦．康維斯（**Philip Converse**）的《大眾信念系統的本質》（*The Nature Of Belief System In Mass Publics*）揭露，美國公民對政治選擇的瞭解很少，他們並沒有認真思考問題，很容易改變立場。[8]這並不是說人們什麼都不知道，他們只是不瞭解政治而已。在一九九二年的總統選舉中，老布希（**George H. W. Bush**）最廣為人知的就是他討厭吃花椰菜。還有，幾乎所有美國人都知道老布希家的狗叫米莉，卻只有十五%的人知道老布希和柯林頓（**Clinton**）都支持死刑。[9]康維斯並不是第一個注意到人們竟無知到這種程度的人。這種偏頗的「無知」，在歐洲也有悠久的歷史。馬克思（**Karl Marx**）曾以「流氓無產階級」（**lumpenproletariat**）一詞，稱呼容易受到操弄和煽動而損害工人階級利益的人們。這些社會底層分子包括：

流民、退伍軍人、出獄的囚犯、逃脫的奴隸、騙子、皮條客、扒手、賭徒、妓院老闆、搬運工、文人、街頭藝人、拾荒者、磨刀工人、打雜工人、乞丐——簡言之，沒有明確界限、分崩離析，且游移不定的人群。[10]

在一九七八年的喬治亞州長競選中，候選人尼克．貝魯索（Nick Belluso）的幕僚似乎認為美國大眾的觀點相當容易受影響，於是設計了一則電視廣告，內容如下：

候選人：我是尼克．貝魯索。接下來的十秒，會有一股強大的力量將你催眠。如果你不願接受，現在請轉過頭去。好了，廢話少說，讓我向你們介紹大眾催眠的大師。交給你了，催眠大師。

催眠大師（穿著奇怪的衣服，被迷霧包圍）：別害怕。我正在將尼克．貝魯索這個名字放進你的潛意識裡。你會記住他。你會在選舉當天選他。你會選尼克．貝魯索為州長。你會記住他。你會在選舉當天選他。你會選尼克．貝魯索為州長。[11]

也許因為大多數電視臺拒絕播放（其中一些電臺害怕觀眾被廣告催眠），所以這則廣告失敗了。貝魯索敗選，也在之後的競選連連失利，其中包括一九八〇年的總統競選。其他以候選人為主角的政治廣告，也許沒如此有趣，但也頗令人玩味。在當代民主中，極少廣告會提供有關政治議題的資訊，大多數廣告都是靠不斷重複名字來提高名稱辨識，或者製造針對對手的反感情緒，又或者僅僅靠一些口號、笑料或娛樂政治。

公眾對政黨的瞭解如此之少，他們又怎能發表意見呢？為表達對赫伯特・賽門的敬意，這個群眾政治弔詭的謎團，被稱為「賽門之謎」。[12]

■ 左右之別

一九八〇年，西德民主歷史上發生了一件特別的事。一個新的政黨，綠黨，參與了聯邦大選，對現有的體系構成挑戰。這一事件標誌著二十世紀末，公民由最初反對核能，短短幾年內在聯邦政府內佔有一席之地。出現成功的新政黨十分罕見，這又給「賽門之謎」帶來了新的思考：公民不瞭解舊的政黨，又如何對新的政黨發表意見呢？

首先，讓我們看看綠黨出現以前的時期。那時，西德的政壇掌握在六個政黨手中，在各種議題上採取不同立場，這些議題包括宗教、世俗取向、經濟政策、社會福利取向、家庭和移民政治，以及包括墮胎在內的道德問題。人們對這些議題多少有所認識，但他們的政黨傾向卻沒這麼複雜。大多數選民的政黨傾向，只是基於一個原因：它們是左派還是右派。在選民們看來，這六個政黨就像一條線上的六顆珍珠（圖8—1）。這串珍珠也可以用來說明法國、義大利、英國和美國的政治生態。雖然美國幾乎不存在歐洲觀念上的左派政黨，但同樣的理論模型可用來說明自由派和保守派的差異。對於各個政黨分別落在直線軸上的左右位置，選民通常有高度共識，但選擇哪個政黨則因人而異。

對選民來說，在這條軸線上左右的「理想點」，就是他們支持的政黨（例如自由民主黨）所在之處。我們能預測這些選民對其他政黨如何進行喜好程度排列嗎？當然可以，而且很簡單。我們可以請選民從她的「理想點」拿起這串代表左右軸線的項鍊，使項鍊垂下的兩端保持平行。[13]除了左右派屬性外，她並不需要瞭解其他政黨，但她可以利用我所說的「項鍊捷思」辨別出她對一個新（或者舊）政黨的評價：

> 當某個政黨離你在左右軸線上的理想點越近，你對該政黨評價也越高。

這種「項鍊捷思」決定了選民對政黨的偏向，如圖8—1所示。圖中的選民應該會認為社會民主黨（Social Democrats）好過共產黨；基督教民主黨（Christian Democrats）優於基督教社會黨（Christian Socialists），而後兩者又勝過國家民主黨（National Democrats）。假如這位選民認為共產黨好過社會民主黨，或國家民主黨優於基督教社會黨，那麼這些偏好都與她使用項鍊捷思的假設相矛盾。究竟有多少選民會採用這個法則呢？在傳統的六黨體系中，有九十二%的受訪選民都遵循了這個簡單的經驗法則。[14]這就是即便選民們對每個政黨瞭解不多，卻仍能形成一致的政黨評價之因。

那麼，對於新的政黨，選民們有何反應呢？綠黨的傾向並不是輕易就能加入原來的左右體系中的。綠黨將諸如保護森林和關閉核電廠等議題聯繫在一起，這就將保守派的森林工人和那些害怕核災之後引發放射性污染的左翼知識分子結合在了一起。是該將這個政黨引入原來的左右體系，還是在這個體系中擴增諸如環保主義等新議題？

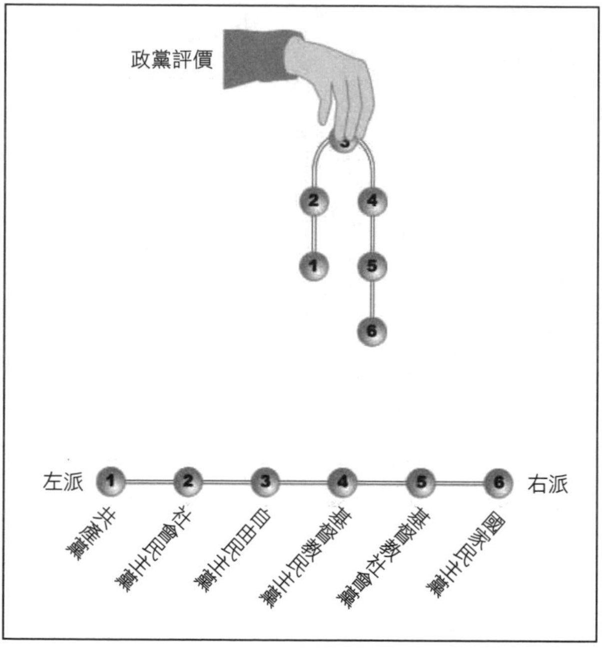

■ 圖 8-1 項鍊捷思。選民只要從「理想點」（支持的政黨）拿起這串代表政治傾向左右派的項鍊，即可判斷對其他政黨的評價。圖中是德國的六個政黨。

為回答這個問題，我對一組一百五十人的大學生選民進行了研究。在他們之中，有三十七%的人會選綠黨。儘管大學生選民們對綠黨在左右的定位有不同看法，但每位選民對不同政黨的評價，過一段時間之後，都仍持續且穩定維持原本的評價。換句話說，他們的政黨偏向繼續遵循項鍊捷思，只是唯一的不同是，這條軸線上多了一顆珍珠。那麼，選民又如何處理環保這個向度呢？據我們所知，環保議題取向對左或右的影響並不大，因為無論是對左還是對右，它都不是關鍵的問題。實際上，在選民們看來，一個政黨的環保議題取向可源於它的左右取向。當選民從綠黨定位的點上拿起項鍊時，項鍊的兩端就揭露了選民對各政黨的環保議題取向的排序。然而，沒有一個選民注意到它的機制。

愛因斯坦曾說過：「政治比物理學更複雜。」[15]的確如此，不過，根據我們對相關認知進程的瞭解，「賽門之謎」是可以一點一點解開的。「項鍊捷思」解釋了那些不瞭解政治的人們如何感知政黨對各種問題的立場，並讓選民們形成持續的意見。在兩黨體系中，這種機制會更簡單，比如美國。那麼，項鍊捷思在什麼時候可用呢？當政黨屬性可以用左右之分，並據此分化和強化各政黨在不同議題上的立場和施政，它似乎最能在這樣的體系中發揮作用。只要敵對政黨站在反對立場，某政黨對某議題原本不明確的立場，就會變得越來越清晰。出現這種情況時，選民們就能從左到右讀出各政黨對很多議題的立場，即便這些立場往往只是歷史的偶然產物。

與這個假說一致，政治運動和媒體報導也使用「左右」之說，而政治科學家們也據此建構他們的研究工具。[16]無論項鍊捷思和政黨政治共同演化達到什麼程度，捷思都是有用的。如此，即便什麼也不瞭解，單向度選民也能夠「知道」各個政黨的立場了。

序列決策法

無論是雄孔雀的尾巴，還是政治上的左右，都有一些無法抗拒的吸引因素。但是，並不是在任何情況下，僅靠單一因素決策就可以應付自如。還有一種直覺性判斷，要從記憶裡找出一種或多種因素，但這些因素中只會有一種決定著最後的決策。亦即人們一開始考慮某個因素，如果還不能做出決定，再考慮另一個因素，以此類推，這個過程就叫序列決策（sequential decision）。想像你面臨下列狀況。

父母的噩夢

半夜時分，你的孩子呼吸困難，還在咳嗽和氣喘。在你的電話簿裡，有兩個提供急診服務的醫生的電話。其中一位醫生你認識，而且能在二十分鐘之內趕到你家，但他從不聽你的描述。另一位醫生要六十分鐘才能趕到，你不瞭解那位醫生，但你聽說他會仔細聽孩子父母的描述。你會打電話給誰呢？為什麼？

在英國，研究人員針對十三歲以下兒童的父母做調查，問了他們這個問題和其他類似的問題。[17] 家長們的描述無非涉及四種理由：診療地點、主治醫生、打電話和接受治療之間相隔的時間（候診時間）、醫生是否聽父母們的描述。許多人似乎仔細權衡過這四種理由，並將它們結合起來做決定。然而，每兩對家長中就有一對，會僅依靠一個主要原因來做出決策。其中比例最大的一組，有一千多位家長的最大擔憂還是在於醫生是否會聽他們的描述——儘管這意味著還要多等四十分鐘。這些家長多為女性、受過良好的教育，而且有多個孩子。五十位家長則會選擇熟悉的醫生，不管醫生是否聽他們描述、無論等多久。相比之下，第四個原因——診療地點是在家中還是在急救中心，對所有父母來說都不是主要參考因素。

我們如何來理解這些家長的直覺呢？假設我們按照重要程度由高到低這樣排序：醫生的傾聽意願、候診時間、對醫生的熟悉度，和診療地點。現在假設某對父母必須在A和B醫院中做出選擇：

	A醫院	B醫院
醫生是否願意傾聽？	是	否
	停止考慮並選擇A醫院	

既然憑藉第一個理由已經能做出決定，就不再考慮其他資訊了，家長直接選擇A醫院。然而，在另一個晚上，必須考慮的因素更加複雜：

	C醫院	D醫院
醫生是否願意傾聽？	是	是
候診時間	二十分鐘	二十分鐘
對醫生的熟悉度	不認識	認識
	停止考慮並選擇D醫院	

在第二種情況中，第一個因素和第二個因素都不足以做出決定，第三個因素可以下決定，所以，父母根據擇優捷思，選擇D醫院。它包括三個構成要素：

尋找原則：按照每項因素重要程度，依序考慮。

停止原則：一旦在選項中出現一個因素不同的情況，立即停止搜尋。

決策原則：選擇根據這個因素佔優勢的決策。

這個過程又叫查詞典式過程——我們用詞典查一個單字時，首先看它的首字母，然後是第二個字母，然後第三個。幾十個實驗研究表明，人們的判斷往往遵循擇優捷思，他們會鑒別出這件事可能發生的情況。[18] 擇優捷思需要從幾個因素中發掘，但最終做決定時只需要一個因素。

到目前為止，我們已經瞭解父母如何做這種重要的決定，但我們不知道他們的直覺是否正確。許多理性決策的權威人士在聽說父母是如何處理這種生死攸關的問題時，感到很驚駭，因為他們不太相信如擇優捷思之類的查詞典式原則：

我們檢測了在實踐中被廣泛採用的方法：編詞典式排序。當然，它很簡單，也易於執行。我們反對的是，這種方法太過簡單、天真……我們認為，如果仔細審查，這種排序步驟是不能通過「合理性」檢測的。[19]

這番話出自理性決策界的兩名傑出人物，他們似乎對自己的結論確信無疑，並不願親自測試。為了檢測序列決策多麼「合理」，我們需要看一種存在明確結果的情況。還有什麼比球賽的結果更明確呢？

■擇優捷思

在一九九六年到一九九七年的NBA賽季，共打了一千多場比賽。研究人員從這個賽季中隨機抽出一些比賽，讓紐約大學的學生預測比賽的結果。學生只能參照兩條線索：該賽季中贏的場數（基本比率）和中場時的比分。為防止其他資訊影響他們的預測，並沒有告訴他們這些球隊的名字。結果，八十%的情況下，直覺判斷模式都與擇優捷思的過程一致。以下是這個理論的運作方式：第一條線索是贏球的場數。如果贏球的場數相差在十五場以上，那麼學生就會停止搜尋，並預測：贏的場數多的球隊會獲勝。舉下面的NBA比賽來說明。

	A隊	B隊
勝場數	60	39
	停止搜尋並預測A隊獲勝	

既然學生已能夠通過第一條線索做出決定，那麼，中場時的比分就可忽略不

看，並預測A隊會贏。如果兩隊的贏球場數相差小於十五場，學生就必須看第二條線索——中場時的比分：

	C隊	D隊
勝場數	60	50
中場時得分	36	40
	停止搜尋並預測D隊獲勝	

因為D隊在中場時比數是領先的（比分相差在此並不重要），所以學生預測它會贏。

可是，基於單一理由的直覺到底有多準確呢？如之前提到的，根據合理性的傳統理論，這些直覺註定發揮不了作用。我們不應該忽視任何因素，而只結合考慮贏球場數和中場比分。根據這個觀點，擇優捷思犯了兩宗「罪」。如第一個例子，如果直覺判斷只是根據基本比率資訊（贏球場數），而不管中場比分，這就犯了過於保守的錯誤。過於保守是指，只考慮舊的資訊，忽略了新的資訊（中場比分）。如第二個例子，如果直覺只是根據中場比分，那麼就犯了基本比率謬誤（base rate fallacy）的「罪」。[20]

這些「罪行」，在所有心理學教材上被做為反對直覺的結論：人們會將簡單的原則當作捷徑，但這樣做太幼稚了。然而，如我之前所討論的，相比富蘭克林的複雜原則，擇優捷思能更快、更準確地預測出輟學率。對ＮＢＡ的研究是對擇優捷思的又一次檢測，這違背了理性決策界的巨人貝氏定理（Bayes' theorem）。[21]貝氏定理是不浪費資訊，它既利用基本比率，也利用中場的比分差距，而擇優捷思若不是忽略基本比率，就只是考慮誰領先。問題是，如果人們遵循貝氏定理，他們預測一千一百八十七場ＮＢＡ球賽結果的準確率，比運用擇優捷思預測的準確率高多少呢？

該測試以電腦模擬的方式表明，如果人們運用貝氏定理進行預測，能達到七十八％的準確率。而擇優捷思預測的準確率和它一樣，而且更加迅速，運用的資訊和計算也更少。從這個結果看，一定是什麼地方出了問題。然而，對於足球比賽也是如此。我的一位學生對一九九八年到二〇〇〇年兩個賽季的德甲聯賽進行研究，得出了同樣的結果。擇優捷思使用了同樣的原因順序。在兩個賽季，它在預測四百多場比賽的結果時，表現得和貝氏定理一樣好，甚至更好。[22]當基本比率資訊（贏得的比賽）達到兩年，而不是從上個賽季開始時，也就是問題最困難的時候，這個簡單法則的優勢最為突出。在每一種情況中，擇優捷思展現了這樣的直覺：如果一個球隊在之前比賽中的勝場數比它的對手多，那麼它還可能再次取勝；或者，在中場時領先的球隊會贏得比賽。複雜的計算也無法打敗這種直覺。

■ 何時一個好的理由勝過一切

基於擇優捷思的直覺和複雜的決策一樣準確，人們或許很難接受這個觀點。當我把初步研究成果呈現在國際專家們的面前時，我讓他們估計一下擇優捷思的準確性，與複雜的現代版富蘭克林法則（多元迴歸）的準確性相差多少。

沒有一個人認為簡單法則能和多元迴歸一樣準確，更別說表現比它好了，而且大多數人估計擇優捷思的準確性可能要低五至十個百分點，或者更多。讓他們吃驚的是，在二十項研究中，運用擇優捷思決策的準確性更高。從那時起，我們就已經在大範圍的現實情況中不斷驗證了「一個好理由」的力量。[23]

這些結果表明，基於一個好理由的直覺不僅很有效，而且準確率很高。實際上，就算有人的大腦能夠計算如今最複雜的人工智慧策略，它也不會做得更好。所以，教訓就是：當你在思考難以預測的事，而可用的資訊又很少時，要相信你的直覺。還記得我們說過，在一個不確定的世界，複雜的策略會徹底失敗，因為它常常是事後諸葛。只有一部分資訊是對未來有用的。而簡單的原則只注重最好的理由、忽視其他的理由，這樣一來，就能找到最有用的資訊。

想像一幅繪圖，上面有三百六十五個點，代表著紐約一年的每日氣溫。一月的值較低，春天到夏天開始上升，然後又下降。圖形參差不齊。如果你進行數學精算，會找到一條與那些值完全符合的複雜曲線。可這條曲線不太可能同時預測明年的溫度。根據這個事實，「完全符合」本身並沒有太大價值。在尋找與之完全符合的過程中，我們也會放入不相關的結果，而這些結果是不能推廣到未來的。一個相對簡單的曲線能更好地預測來年的氣溫，儘管它不能同時與現有的資料相符。圖5—2（一三一頁）已經向我們很好地展示了這個原則。在後見之明上，複雜的策略比簡單的策略好，可是預測就並非如此。總之：

假如我們要預測未來，而未來很難預測，當我們掌握的資訊有限時，基於一個好理由的直覺往往更加準確。它們在時間和訊息的使用上也更有效率。相反地，假如我們需要解釋過去，且未來很容易預測，而我們也擁有足夠的資訊時，複雜的分析更有用。[24]

設計我們的世界

演化，似乎設計了各種動物的思維，讓牠們學會借助連續的線索進行評估。[25]比如，雌性艾草松雞（sage-grouse）根據歌聲評價雄雞，然後進一步觀察那些通過了第一項測試的雄雞。這樣的連續擇偶過程似乎很普遍，而且，在動物的覓食和定位行為中也會見到。使用人造花的實驗中，蜜蜂也是憑藉一套線索及序列，選擇採集有味道的花朵。只有在兩朵花味道相近的情況下，牠才會根據顏色做出選擇，只有在顏色和氣味都差不多時，牠才會根據形狀選擇。然而，一開始參照的線索並不是最有效的，在某些情況下，這個順序由感官的靈敏程度決定。比如，在一個環境中，樹木和灌叢遮住了視線，這時，聲音線索就比視覺線索和其他線索可靠。又比如，一隻雄鹿在估計對手的實力時，首先判斷牠的咆哮聲是否渾厚，之後才根據視覺來判斷。如果這兩個原因都不能將牠嚇跑，那麼，牠們開始搏鬥時，牠將接收到關於對手實力的最具權威的資訊。

然而，基於一個好理由的序列決策，並不是動物們的唯一生存策略。會出現平均增加兩條或兩條以上線索的情況，這在幼小和成熟之間、缺乏歷練和有經驗之間存在著個體差別。比如，年長的雌性花紋蛇同時根據兩項條件來選擇雄蛇，但年輕花紋蛇只要雄蛇滿足其中一項即可。

如我們之前所見，就像演化一樣，直覺也利用了一個好的理由。我們人類還可以有意識地利用它來設計我們的世界。序列決策讓環境變得更加安全、透明，不再混亂。

■ 比賽規則

參加世界盃是每一支國家足球隊的終極夢想。根據規則，第一輪賽事，每組有四支球隊比賽，每個小組的前兩名進入下一輪比賽。可是，如何決定球隊的排名呢？國際足球聯盟協會將六個方面納入考慮。

1. 所有比賽的總積分（勝場積三分，平手則各積一分）。
2. 對抗賽的總積分。
3. 對抗賽中的進球數之差。
4. 對抗賽中的進球數。
5. 所有比賽中的進球數之差。
6. 所有比賽中的進球數。

我們首先來看看制訂協定的理想模式，也就是「加權計算法」。國際專家委員會提出一個衡量方案。比如，第一點的加權指數是六，第二點是五，依次下去。專家也許會認為，比起只根據一個方面來判斷這些球隊，這樣更公平，而且能對球隊的表現進行更綜合的評估。然而，設計這樣的方案很明顯需要進行數不清的討論，比如美國的冠軍盃系列賽就是一個例子，通過複雜的加權計算公式排名，就引發了廣泛抱怨。還有一個同樣令人擔憂的問題，加權計算並非直覺性透明的。教練、球員、解說員和球迷之類的人，會因為忙於計算最後的比分而不能好好享受比賽。

所以，我們的選擇是不去衡量與相加，而採用擇優捷思。國際足球聯盟協會就是使用這個原則，按以上六個方面依序比較球隊的表現，如果兩支球隊在第一個方面就出現不同，我們就可以做出決定了。只有在球隊積分相同時，我們才看第二個方面，以此類推。其他的都可以忽略不計，基於一個好理由的序列決策既容易執行，又體現了公正透明。

■ 安全的設計

加權計算法在看球賽的時候會破壞興致，而在其他情況中，還可能帶來危險。在十字路口決定車輛先行次序，要考慮幾方面因素：

1. 交通警察指揮交通的手勢。
2. 紅綠燈的顏色。
3. 交通標誌。
4. 其他車輛的來車方向（左或者右）。
5. 其他車輛的大小。
6. 其他車輛駕駛的年齡（是否需禮讓）。

不妨想像一下，有些地方的交通法規會將以上這些因素納入考慮範圍，因為兼顧公共標誌和行車禮儀是很公平的。然而，行車中加權計算並不安全，因為駕駛人沒有時間反應，也可能出現計算錯誤。兩輛車的大小可能差不多，其他車輛的駕駛人的年齡也可能難以估計。所以，安全的設計，就是連續的單一理由決策，我所知道的國家，無一不使用它。如果有交通警察在指揮交通，那麼以上所有剩餘的因素都不用管。如果沒有交通警察，就只看紅綠燈。如果沒有紅綠燈，再根據交通標誌決定。你還可以想像另外一種情況，就是只看其他車輛的大小，但幸好它沒列入法律，只有少數人將此納入考量。

由加權計算法制定而成的交通規則，結構與一般交通規則就會不同。假設來說，如果交通警察指示停車，而綠燈和交通標誌的指示與之相反，那麼，這個指示就無效。或者，如果交通標誌是通行標誌，而且其他車輛比較大型，那麼，綠燈就無效。如此不停地加權計算，萬一需要很快做決定的時候遲疑了一下，便會遇上危險。

■ 數字設計

你進入一場派對，看到一群人。到底有多少人呢？一個沒經過特別訓練的成人，最多只能看到四人。也就是說，當人數不超過四，他能立刻得知正確人數。超過四人，就只能靠數了。這種心理能力成為各種文化體系的構成要素。比如，羅馬人給前四個孩子取一般的名字，而從第五個孩子開始就是以排行命名：老五、老六、老七等。同樣，在最初的羅馬日曆上，前四個月是有名稱的，而四月以後就是按照順序命名。[26]

如今，在大洋洲、亞洲和非洲的許多文化中，只有一、二和「許多」三個詞。但這並不意味著他們不會算數。人們設計了各種各樣的演算法體系。有的地方使用樹枝記帳，還有的地方用身體部位來計數，將數字與手指、腳趾、手肘、膝蓋和鼻子聯結起來。此外，大約在兩三萬年前，動物骨頭和洞穴牆壁上也出現過計數的標誌。這種計數體系是羅馬數字體系的來源，I是一，II是二，III是三，V代表五，X代表十，C代表一百，D代表五百，M代表一千。像古希臘和埃及的體系一樣，羅馬數字計算起來也很頭疼。這些文化被塵封了幾個世紀，它的計數體系不合邏輯，除了寫下一個數字外，幾乎沒什麼作用。

在這方面的突破始於印度文明，它帶來了「阿拉伯」數字體系。它了不起的地方就在於引進了字典式的體系，這種體系是本章討論的序列原則所固有的。請迅速看一眼下列以羅馬數字表示的數目，請問哪個較大？

MCMXI

MDCCCLXXX

再來看用阿拉伯數字表示的兩個數目。

1911

1880

用阿拉伯數字表示時，我們一眼就能看出來，第一個數目比較大。羅馬數字的大小並不是看它的長度和順序。如果看長度，MDCCCLXXX比較大，事實並非如此。如果看順序，從左到右，在MCMXI中，M後面是C（代表一百），而MDCCCLXXX中有D（代表五百），兩者比較，卻是第一個數字比較大。可是，阿拉伯數字就是嚴格依據順序。如果兩個數目的長度一樣，我們只需從左往右，找出第一個不同的數字。然後我們就可停下，得出結論：出現第一個相異數字較大時，則該數目比較大，其他的數字都可以忽略不計。可見，用順序來表示事物，有助於激發我們大腦的觀察力，簡化我們的生活。

Chapter 9

簡潔能救命，複雜能致命

諷刺的是，「快速而簡潔的經驗法則」中最重要的一課，很可能是瞭解那些大師級臨床醫生們的認知過程，他們不用遵守以證據為基礎的醫學標準，就能很好地決策。

——納隆爾（C. D. Naylor）[1]

晚餐時喝一杯紅酒能預防心臟病；奶油則是健康殺手；所有的治療和檢查都是必需的，只要你付得起費用——健康上的好與壞，我們大多數人都有強烈的直覺。儘管我們相信並且照做，但它們通常是謠言、傳聞或人云亦云的結果。很少人真正努力去研究專家瞭解的知識，儘管許多人在買冰箱或電腦時還是會查閱消費者報告。而經濟學家是怎樣做出醫療保健方面的決定的？在二〇〇六年的美國經濟學會大會上，我們調查了一百三十三名男性經濟學家，是否採用攝護腺抗原檢驗篩檢攝護腺癌，以及理由。其中，有超過五十個人做過篩檢，但很少人讀過相關的醫學文獻，有三分之二的人說，他們沒想過篩檢的利與弊。[2]大多數人是遵循醫囑。像一般大眾一樣，他們憑藉的是直覺：

看到穿醫師白袍的，就相信他。

在書籍和醫學研究出現以前，權威、謠言和傳聞是人類歷史上的有效指南。靠親身體驗學得的東西可能非常不利，例如親自找出哪些植物有毒。如今，盲目信任健康專家還行得通嗎？或者病人需要更加詳細地瞭解？這個問題的答案不僅取決於醫生的專業知識，還取決於醫療體系在何種法律和財政體系下運作。

醫生能相信病人嗎？

家庭醫生丹尼爾．蒙瑞史坦（Daniel Merenstein）不知道自己是否能成為理想中的醫生。實習的第三年，他在體檢時遇到一位五十三歲很有學問的人。[3]他們討論了飲食、運動和繫安全帶的重要性，以及篩檢攝護腺癌存在的風險與好處。前三項有利於健康，可是卻沒有證據證明那些接受攝護腺抗原檢測進行篩檢的人，比沒有進行篩檢的人長壽——這與一些醫生和病人認為的恰恰相反。可是，有證據證明，如果是慢性癌症，即便不治療也不會出什麼問題，但積極的檢測會對病人產生危害。徹底割除攝護腺後，三成的男性會出現小便失禁的情況，而六成的男性會陽痿。[4]正因如此，所有的國家醫療方針都建議醫生們在對病人進行攝護腺抗原檢測時，要事先討論利與弊。美國預防醫學服務工作隊也認為，目前證據尚不足以肯定或否定做定期的攝護腺抗原檢測的效用。[5]蒙瑞史坦一直努力跟進最新的醫學研究，吸收前端醫療知識。瞭解利弊後，病人決定不進行這項檢測，蒙瑞史坦也再沒見過這位病人。後來這位病人換了一位醫生診治，這位醫生沒有說明攝護腺抗原檢測的風險，就直接讓病人接受檢測。

很不幸地，這位病人被診斷出患有嚴重的、無法治癒的攝護腺癌。儘管沒有證據證明早期發現能拯救或延長病人的生命，但蒙瑞史坦醫生和醫院還是在二○○三年被起訴。蒙瑞史坦以為他會被指控沒有和病人商量攝護腺癌篩檢的事。可是，原告律師聲稱，在維吉尼亞州，攝護腺抗原檢測是治療標準，蒙瑞史坦應該進行檢查，而不是和病人商量。有四名維吉尼亞醫生出來證明，說他們沒告知病人就進行檢測。辯方請來國家級專家作證，說攝護腺抗原篩檢的好處還有待證實，並存在疑問，也指出證據顯示它可能對病人造成嚴重的傷害，同時也強調了該醫生的做法完全遵循國家醫療方針的建議。

原告律師在結辯陳詞中傲慢地主張，「實證醫學」只是一種節約成本的方法，其創立者就是被告律師請來作證的專家，而蒙瑞史坦醫師和他任職的醫院則是這種方法的門徒。他請求陪審團做出裁決，好讓醫院別教實習醫生相信實證醫學。最後，他說服了陪審團。蒙瑞史坦被判無罪，而任職的教學醫院則被罰款一百萬美元。在出庭以前，蒙瑞史坦一直跟進最新的醫學文獻，並將其用到病人身上。但如今，病人卻是最有可能將他告上法庭的人。這一事件之後，他覺得為了保護自己，別無選擇，即便要冒著造成病人不必要傷害的風險，也只能使用過度治療。「現在我安排的檢測更多了，我面對病人更緊張了；我沒能成為自己理想中的醫生。」[6]

病人能相信醫生嗎？

第二章中小凱文的故事，讓我們開始思考醫療保健中過度診斷可能造成的傷害。蒙瑞史坦和他的住院醫師也是歷經教訓才明白，為了保護自己，就得對病人進行檢測，即便有證據證明這樣的檢測可能造成危害，且其效果還不得而知。很顯然，醫療保健系統出現了問題。「看到穿醫師白袍的，就相信他」，這種老式的直覺確實發揮不少作用。可是，如果醫生害怕惹上官司，這種直覺就沒有作用了。過度用藥和過度診斷成為一種有利可圖的生意，直接面對消費者的行銷也已合法。所有的這一切，導致醫療保健系統的品質下降、成本提高。讓我們定義以下這兩種現象[7]：

過度診斷：指通過檢查瞭解某種身體狀況，但此狀況並不影響健康。

過度治療：針對某種身體狀況進行治療，但不治療也不會影響健康。

你寧願獲得一千美元現金，還是免費照一次全身電腦斷層掃描？關於這個問題，曾有人隨機選擇五百名美國人進行電話調查，其中七十三％的人選擇照電腦斷層掃描。[8]這些樂觀主義者真的知道他們選擇的是什麼嗎？很顯然不知道。沒有證據能夠證明照全身電腦斷層掃描的好處，甚至安全性，它並未得到任何專業醫療機構的認可，甚至有些醫療機構還反對它。[9]儘管如此，仍有越來越多的獨立企業，包括醫生將電腦斷層掃描和其他高科技篩檢推向市場。專業的電視演員打扮成醫生的樣子，傳播著諸如「接受檢查，不要心存僥倖」之類的標語。

那些推銷電腦斷層掃描的醫生或許會說，人們有權利使用電腦斷層掃描，不必花幾年的時間空等專家證明它的效果和危害——畢竟，如果檢查結果是正常的，人們就可以「安心」了。這樣的話聽起來讓人安慰，可是，電腦斷層掃描的結果正常，人們就真的安心了嗎？肯定不是，這只是一種被創造出來的幻覺而已。我們來看看電子束電腦斷層掃描，它是用來檢查冠狀動脈疾病病人的病情是否逐漸加重，然而準確率只有八十％，也就是說，還有二十％的高危險群病人被告知正常。然而，它出現假警報的機率甚至更高，有六十％的低危險群病人，被誤判為有罹患的高度風險。[10]也就是說，其中許多人，原本沒理由擔心，卻在接下來的人生中被根本不存在的病情困擾。我很少見過如此糟糕的高科技檢測，它還不如那些非侵入性的、更便宜的檢測方法。我自己寧願花一千美元避開這樣的檢查——安心地好好活著。

醫生們會接受他們建議病人做的那些檢查嗎？我曾為六十名醫生組成的小組舉行講座，他們包括醫療機構和健康保險公司的代表。其間的氛圍很隨意，主辦人的個性平易近人。接著，我們開始討論乳癌篩檢，五十歲以上美國婦女有七十五%接受過這項檢查。一名婦科醫生說，乳房X光檢查之後，放心的反而是醫生自己，她說：「我害怕，如果不建議患者做乳房X光檢查，她之後查出得了乳癌，會跑回來問為什麼不給她做檢查？所以，我建議我的每一個病人都做檢查。但是，我知道不應該推薦她們做檢查。可是我沒有選擇。我覺得這種醫療體系不可信，它讓我感到緊張。」[11]其它醫生問她自己會不會做乳房X光檢查，她回答說：「不，我不會。」接著，主辦人問了所有六十名醫生同樣的問題（對男性則問：「如果你是女性，你會做檢查嗎？」）。結果十分令人驚訝：沒有一人願意進行檢查。

如果一名女性是律師，或者律師的太太，她會得到更好的治療嗎？在醫生眼裡，律師傾向訴訟，所以，遇到諸如手術之類需要冒風險的情況時，他們會小心對待。在瑞士，一般人的子宮切除率是十六％，而律師妻子的切除率只有八％，女醫生是十％。[12]總的來說，女性教育程度越低，且私人保險越高，她就越可能接受手術。同樣，一般兒童接受扁桃腺切除手術的比例也比律師和醫生的孩子高。律師和他們的孩子很明顯接受的治療更好，可是在這裡，更好意味著「更少」。

因此，如果你的母親生病了，而你想瞭解醫生的真實想法，該怎麼辦？下面這個原則很管用：

不要讓醫生推薦什麼。就問他：「如果是你的母親，你會怎麼做？」

我的經驗是，如果是他們的母親或親人，醫生會改變他們的建議。這個問題會改變他們的觀點，因為母親不會起訴他們。然而，並不是每一個病人都知道醫生承受著外部的壓力，也不是每個病人都明白自己也需要負擔部分醫療責任。醫生與病人之間的關係是情緒化的，如一位小說家朋友的例子所示：

「我們明天不能見面了，我要去見我的醫生。」他告訴我。

「情況不嚴重吧？」

「只是一次大腸鏡檢查。」朋友告訴我。

「只是？你哪裡痛嗎？」

他回答說：「沒有，醫生說因為我已經四十五歲了，應該檢查一下。別擔心，我家沒人得過大腸癌。」

「可能會有後遺症。你的醫生告訴過你大腸鏡檢查有什麼好處嗎？」

朋友說：「沒有，他只說這是一次例行性檢查，是醫院推薦的。」

「那我們何不先在網路上查查資料呢？」

我們先查看了美國預防醫學服務工作隊的報告。報告上說，沒有足夠的證據支持或反對例行性大腸鏡檢查。我的朋友是加拿大人，他說他不相信美國的東西。於是我們又查了加拿大工作組的報告，結果是一樣的。保險起見，我們又查看了英國牛津大學的相關資料庫，結果仍是一樣。我們所查看的醫療機構中，沒有一家建議人們應該進行例行性大腸鏡檢查——畢竟，大腸鏡檢查很不舒服，並有多家機構建議進行更為簡單、便宜、非侵入性的糞便潛血檢查。那麼，我的朋友會怎麼做呢？如果你和我一樣以為他會取消看診預約，那麼你就錯了。他無法接受這些證據，於是起身離開了，拒絕再討論這個問題。他仍要相信他的醫生。

醫生的兩難

病人往往會相信他們的醫生，但他們一般不會考慮醫生的處境。大多數醫生都力圖在時間和知識極其有限的情況下做到最好。在美國，病人向醫生描述狀況的平均時間是二十二秒。醫生總共花在病人身上的時間是五分鐘——照例問一些諸如「你感覺如何」之類的問題。這與在瑞士和比利時大不相同，在「市場競爭」之下，病人可以諮詢多位醫生或專家，醫生也願意花時間並鼓勵病人回診。在這裡，問診的平均時間是十五分鐘。[13]

在迅速變化的醫學界，持續進修是不可缺少的。然而，大多數醫生既沒有時間去讀每月發表在醫學雜誌上的論文，也沒有評估這些研究的能力。所以，進修大多仰賴製藥業贊助開展的研討會，這些研討會通常在美麗的度假勝地舉辦，研究人員允許帶家屬隨行，公司還承擔其他費用。製藥公司在研討會上提供它們特色產品的科學研究，再派代表發送這些產品的廣告或傳單給醫生。最近的一項調查顯示，這些傳單上的內容並不客觀。分發給德國醫生的一百七十五種傳單上的內容只有八％是經證實的。[14]而剩下的九十二％，不是扭曲最初研究的報告結果，就是隱藏藥物的嚴重副作用，或是誇大藥效時間，甚至當醫生想要查看最初的研究，卻找不到引用來源。結果，許多醫生對最新醫學研究的瞭解仍非常貧乏。

對於病人和醫生來說，地理位置決定命運。佛蒙特州某醫療區域的外科醫生切除了那裡八％的兒童的扁桃腺，而其他社區的醫生切除了七十％。在愛荷華州的一個地區，十五％八十五歲以上的男性做過攝護腺手術；在另一個地區，該比例達到六十％。女性的身體也受到地區影響。在緬因州的一個地區，二十％七十歲以上的婦女做過子宮切除手術；而在另一個地區，比例達到七十％。[15]病人是否接受治療，取決於當地的醫療風氣，而治療的方法則取決於主治醫生。比如，對於小範圍的攝護腺癌，大多數泌尿科醫生會建議進行根治性手術，而大多數放射腫瘤科醫生會建議進行放射療法。達特茅斯保健計畫的起草者總結說：「美國的保健系統根本就不是一個系統，而是一種無計畫、不合理的資源擴張，它不遵守供需法則。」[16]

當大家在擔心高漲的醫療保健費用時，我們每年還要花幾十億美元在那些對人們少有益處甚至毫無益處，更甚者還會造成傷害的項目上。我們能否消除這些問題，將適當的理性注入我們的醫療保健系統？實際上，要矯正這個系統，需要三管齊下：必須形成有效的、透明的政策，來替代醫生的自我保護性決定和當地醫療風氣；要找出醫療專家們對於好的治療方法的共同意見；在實踐中改革訴訟，讓醫生做出對病人最有利的決定，而不是一味保護自己。在下一個部分，我會談到如何實現第一個目標。

如何改善醫生的判斷

對於這個問題，有兩種傳統建議，且這兩種建議都遵循了富蘭克林的法則。根據臨床決策理論，病人和醫生要在多種治療方案中做出選擇，他們在瞭解了所有可能的結果後，對每一種結果的出現機率和效用進行評估，再將它們相乘，然後累加，最終選擇預期效益最高的治療方案。這種方法好就好在它展現出了共同的決策：醫生提供選擇、結果和機率，病人負責考量可能的效用或害處。可是，決策理論並沒有說服多少醫生使用這種計算，因為它很浪費時間，而且，大多數病人拒絕將治療腫瘤的潛在傷害予以量化和比較。此外，臨床決策分析的反對者們可能會說，並沒有證據證明預期效益計算就是最好的臨床決策形式，甚至還有人認為，它們並不能促成更好的決定。最後，當直覺與人們的有意推論發生衝突時，人們往往會不滿意自己的選擇。[17]

第二個建議是採用複雜的統計學方法，以幫助醫生做出更好的治療決策，相比直覺，這樣能產生更好的結果。[18]我們會在下一部分介紹這種方法。儘管採用統計學決策法的人比採用預期效益計算法的人多，可是，這種方法在臨床實踐中也很少見，同樣，它也與醫學直覺不一致。大部分醫生不瞭解複雜決策模式，最終放棄了這種方法。於是，醫生們還堅持著那因自我保護、專長和地域因素而產生偏差的臨床直覺。

那麼，有沒有什麼方法既尊重直覺的本質，又能提高治療決策呢？我相信，直覺的科學提供了這樣的選擇。出於這個目的，我很高興在著名的醫學雜誌《刺胳針》（*Lancet*）上看到，我們對經驗法則的研究開始對醫學產生影響。如本章的引言所說，經驗法則被看作是對臨床決策者直覺的解釋。然而，《刺胳針》上同一主題的另一篇文章對我們的研究進行了另一種闡釋：「下一步將會涉及快速簡便的捷思，那是供病人和臨床醫生使用的原則。」[19]這裡，經驗法則被當作進行複雜決策分析的方法。我自己則相信醫生們已經在使用簡單的經驗法則，可是，因為害怕被起訴，所以不肯承認。他們只能無意識或悄悄地採用這些原則，所以別人很難有系統地學習。這種現象隨之出現的問題對醫療系統的影響甚為明顯。

我的計畫是，將直覺決策發展成為一門科學，公開討論它們，將它們與有用的證據聯繫起來，然後訓練醫學院學生有紀律、有根據地使用它們。我將在下一節闡述以上計畫，並討論三種醫療決策方法：臨床直覺法、複雜統計工具法、快速簡約的經驗法則。這段故事始於幾年前，那時，我應邀到亞利桑那州的天普市醫療決策學會演講。我向他們解釋，在什麼情況下，簡單的原則比複雜的策略更快、花費更少、更準確。當我走下演講台時，一名來自密西根大學、名叫李・葛蘭（Lee Green）的醫學研究員走到我身旁，對我說：「我想，現在，我的疑惑解開了。」以下就是他的故事。

轉送重症病房的決策

一名男子胸口劇痛被送進急診室。急診醫生懷疑是心臟病（準確地說，是急性缺血性心臟病）。他們需要迅速採取措施，是該送他去心臟科加護病房還是配有遠距心電監視儀的一般病房？這種棘手情況很常見。在美國，每年有一百多萬名病人被送到心臟科加護病房。[20]醫生是如何做出這樣的決定？

在密西根的一家醫院，醫生憑藉冠狀動脈的長期危險因子，包括家族史、男性、高齡、吸煙、糖尿病、膽固醇含量增高和高血壓，將九十%胸口劇烈疼痛的病人送往重症加護病房。這是防衛性決策的標誌：醫生害怕因為普通病房的病人死於心臟病突發而遭到起訴。於是，加護病房變得擁擠，導致品質下降，成本也提高了。你可能會想，即便病人並沒有心臟病，安全一點總比事後後悔要好。可是，送進加護病房也會有風險。在美國，每年約有兩萬人死於院內傳染。這類感染在重症病房尤其普遍，因此，重症病房也成為醫院最危險的地方之一——我的一位好友就因為加護病房的感染而病逝。然而，醫生將病人安排在這種極其危險的環境中，他們也能保護自己不被投訴。

來自密西根大學的一個醫學研究小組受命改善這種狀況。在檢查醫生決策的品質時——當時品質控制還沒有成為醫院的原則，他們發現了一個令人不安的情況。醫生們不僅將大多數病人送往重症病房，而且不管病人該不該送重症病房（不管有沒有心臟病），他們被送進去的機率都是一樣的。醫生的決策幾近於隨機，但似乎沒有人注意到這點。此外，另一項研究表明，醫生長期努力尋找的長期危險因子，並不是判斷病人是否患有急性缺血性心臟病的最重要條件。特別是醫生會詢問一些「偽診斷」線索，比如病人是否有高血壓和糖尿病史，而不問病人有什麼症狀和出現症狀的部位，並忽視心電圖顯示的某些資訊，然而這些才是與心臟病更為相關的資訊。[21]

這個狀況能獲得改善嗎？該小組一開始試圖用複雜的策略來解決複雜的問題。他們引進了「心臟疾病預測表」（**The heart disease predictive instrument chart**）。[22]它由一個圖表（上面有五十幾個機率值）和一個長長的公式構成，有了這個公式，醫生就能用掌上型計算機計算病人應被送到心臟病加護病房的機率。使用這個預測表時，醫生得為每個病人找到各病徵相對應的機率，然後將這些機率輸入計算機，按下「確定」鍵，結果會得到一串數字。如果得出的值高於某個界線，病人就應該被送到加護病房。不過，只要看一眼這個圖表，你就明白醫生們為什麼不喜歡使用它了。對這家醫院的醫生而言，這份圖表簡直像天書。

然而，剛開始接觸這個系統時，醫生們的決策品質明顯提高，加護病房擁擠的情況也有所改善。因此，該小組得出結論：在這個案例中，解決問題的是計算，而不是直覺。但他們是經驗豐富的研究員，所以將圖表和計算機從醫生手裡拿走，以檢測他們的結論。如果計算是關鍵，那麼，將這些拿走後，他們的決策品質應回到最初的隨機水準。但是，結果表明，醫生的表現並沒有退步。研究人員感到很吃驚。醫生們能記住圖表中的機率嗎？測試結果顯示，事實並非如此，而且，他們也並不瞭解計算機上的公式。然後，研究員將公式和計算機還給醫生們，然後再拿走，如此反覆，結果並無影響。醫生們見過一次圖表後，他們的直覺就永久性地提高了，即便手中沒有計算工具。於是問題出現了：醫生沒有重要的工具，如何正確地計算呢？

這時我遇到了研究組負責人葛蘭，他從我的談話中找到了答案：

主要症狀為胸痛

EKG (ST, T wave Δ's)

History	ST&T Ø	ST⇔	T⇧⇩	ST⇔	ST⇔&T⇧⇩	ST⇧⇩&T⇧⇩
No MI & No NTG	19%	35%	42%	54%	62%	78%
MI or NTG	27%	46%	53%	64%	73%	85%
MI and NTG	37%	58%	65%	75%	80%	90%

主要症狀非胸痛

EKG (ST, T wave Δ's)

History	ST&T Ø	ST⇔	T⇧⇩	ST⇔	ST⇔&T⇧⇩	ST⇧⇩&T⇧⇩
No MI & No NTG	10%	21%	26%	36%	45%	64%
MI or NTG	16%	29%	36%	48%	56%	74%
MI and NTG	22%	40%	47%	59%	67%	82%

無胸痛

EKG (ST, T wave Δ's)

History	ST&T Ø	ST⇔	T⇧⇩	ST⇔	ST⇔&T⇧⇩	ST⇧⇩&T⇧⇩
No MI & No NTG	4%	9%	12%	17%	23%	39%
MI or NTG	6%	14%	17%	25%	32%	51%
MI and NTG	10%	20%	25%	35%	43%	62%

■ 圖 9-1 心臟疾病預測表。這套系統和掌上型計算機一起搭配使用。只要看一眼，就知道為什麼大多數醫生不喜歡它了。

醫生不需要計算機和圖表，是因為他們根本不需要進行計算。那又是什麼提高了他們的直覺呢？一切可能似乎指向那些醫生們能夠記住的正確線索。他們還是憑藉直覺，可是現在他們知道該問些什麼了，他們以前只是問錯了問題。

這個觀點似乎帶來了直覺和複雜計算之外的另一個可能，也就是由葛蘭和大衛・梅爾（David Mehr）一起為心臟病診斷所設計的經驗法則。它不僅符合醫生的直覺思維，同時也具有實證基礎。下面我將解釋建構此原則的邏輯。

透明化的診斷原則

實證顯示，心臟疾病預測表對於新英格蘭六家醫院的兩千八百位病人是有效的。那麼，為什麼不將這個工具擴展到其他醫院呢，比如密西根的醫院？如我之前所提到的，它缺少透明性。當需要大量計算且有著複雜機率的系統，與直覺產生衝突，醫生往往會避開較為複雜的方法。[23]然而，我們在上一章看到，複雜化還有另外一個缺點。當問題具有高度的不確定性時，簡單的診斷方法反而往往更加準確。預測心臟病非常困難，甚至不存在堪稱完美的方法。

我們暫且認為心臟疾病預測表對新英格蘭的病人能發揮非常好的作用，但不表示在密西根的病人身上會產生同樣的作用。密西根醫院的病人與新英格蘭醫院的病人不同，但我們不知道不同之處，也不知道不同的程度有多大。要找出這些，其中一個方法就是對幾千名密西根醫院的病人展開新的研究。可是，我們不能這樣做，即便如此，這樣的研究也要花上幾年時間。在沒有資料的情況下，我們可以使用前面章節中提到的簡化法則。

但是怎麼使用呢？一是減少複雜診斷工具中的要素數量，再使用單一理由決策法。這樣一來，就形成了一個簡明的樹形圖（見下文）。這就像擇優捷思，而且能解決不同級別的問題：將一個物體（或人）分成兩種或更多種類。

■ 簡明樹狀圖

簡明樹狀圖只問了幾個可用「是或不是」來回答的問題，且每一個問題都能引導出一個決策。[24]根據葛蘭和梅爾畫出的這幅圖（圖9—2），如果心電圖有異常（所謂的ST區段發生變化），不需要其他資訊，病人就得立刻送往加護病房。如果心電圖正常，還有第二條線索：病人自訴是否胸口劇痛，如果不是，其他的資

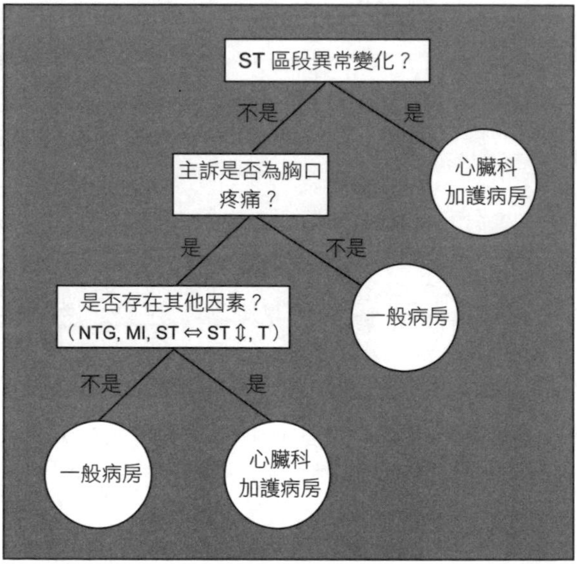

■ 圖 9-2 用以診斷心臟疾病的簡明決策樹狀圖（Green and Mehr, 1997）。

訊都不用考慮，病人就被分配到一般病房。如果是，再問最後一個問題。第三個問題是複合型問題：病人是否存在五種因素中的任何一個。如果是，病人必須被送到加護病房。這個決策樹狀圖在好幾個方面都是快速而簡潔。它根本就不需要那五十幾種機率，只需要一個或幾個診斷性問題。

這個簡明樹狀圖將最重要的因素放在最上方。ST區段異常變化，足以讓醫生判斷將有生命危險的病人迅速送進加護病房。第二個因素，即是否胸痛，可讓醫生將不需特別照護的病人送至一般病房，避免加護病房過度擁擠。如果這兩個因素都不足以做出決定，就來看第三個因素。醫生們喜歡這個快速而簡便的樹狀圖，不喜歡複雜的系統，因為它是透明的，而且很容易學會。

可是，這種簡單的原則準確性有多高呢？如果你胸痛急忙趕往醫院，你願意醫生問你幾個簡單的問題做出診斷，還是願意他用機率表和電腦診斷？又或者，你是否相信醫生的直覺？圖9—3是密西根醫院分別用這三種方法進行診斷的正確診斷率。注意，這包括兩方面的正確診斷率。縱軸上表示的是正確分配到加護病房（比如，確實患有心臟病）的病人比例，這個比例越高代表越有效；橫軸表示錯誤分配的病人比例，這個比例越低越好。對角線則表示隨機診斷的表現。位於對角線上半部表示比隨機水準好，位於對角線下半部則表示比隨機水準差。完美的策略應該在左上角，可是，在充滿不確定性的心臟疾病領域，這樣的策略是不存在的。在密西根的研究小組介入以前，醫生們的表現還處於隨機水準——甚至比隨機水準差一點。如之前所提到的，他們將九十%的病人送到加護病房，卻無法區分哪些病人是真正應該送到那裡的。心臟疾病預

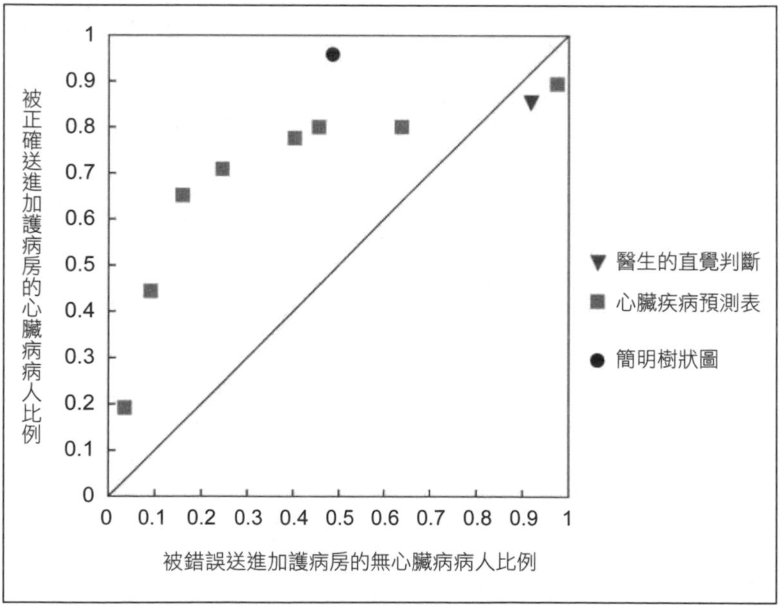

■ 圖 9-3 哪種方法預測心臟病的正確率最高？

測表的表現用正方形表示，有多個正方形，是因為我們可在疏漏和誤報之間做出各種取捨。[25]很明顯，這種決策方式的正確預測率比隨機水準高。

簡明樹狀圖表現如何？複雜的心臟疾病預測表比簡單的樹狀圖擁有更多資訊，而且它會經過複雜的計算。不過，樹形圖預測心臟病的準確性卻比它高。相比複雜的系統，採用簡明樹狀圖決策方法的醫生，比較不常發生疏漏將患有心臟病的病人送入一般病房；也就是說，誤判更少。此外，也能將誤報的機率減少了一半。這一次，簡單又發揮了作用。[26]

一般而言，簡明樹狀圖有三個構成要素：

搜尋原則：根據重要性排序找出各種因素。

停止原則：如果根據某個因素可以做出決定，就停止尋找其他因素。

決策原則：根據這個因素將事物歸類。

簡明樹狀圖與完整的決策樹狀圖不一樣。完整的決策樹狀圖不是經驗法則，它訊息量大，而且很複雜，既不簡單，也不透明。圖9－4就是兩種樹狀圖。完

整的決策樹狀圖有 2^n 個分枝，而簡明樹狀圖只有n+1個分枝（n代表因素的數量）。假如有四種因素，前者有十六個分枝，而後者只有五個分枝；如果有二十種因素，這個比值就變為1000000:21。此外，構建完整的決策樹狀圖還會遇到其他問題。不僅因為它很快就會變成難以計算的問題，而且隨著樹狀圖的增大，能用以對每個階段進行評

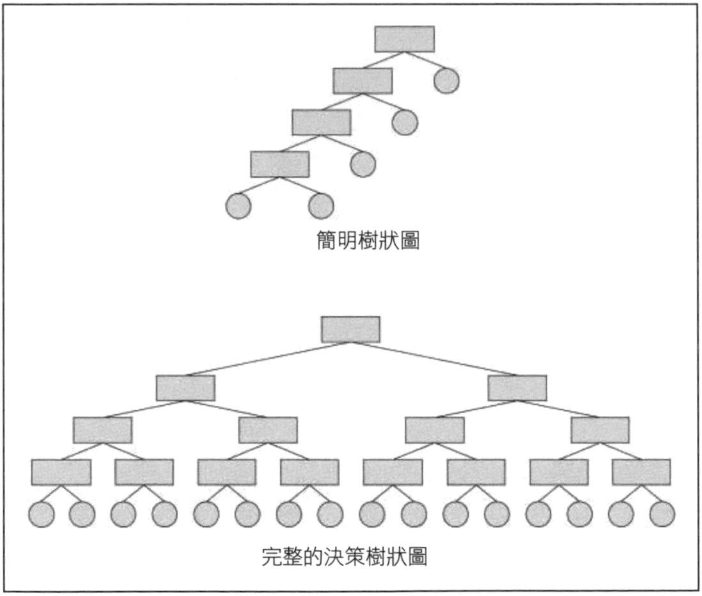

■ 圖 9-4 當線索的數量增加，完整的樹狀圖很快就變得難以計算，而簡明樹狀圖則無此缺點。

估的有用資訊就越來越少。比如，如果一開始有一萬名病人，你要將他們分在數百萬分枝上，最終，你只會得到沒有用的資訊。和完整的樹形圖不同，簡明樹狀圖靠引入次序——哪些因素是最重要的和關鍵的——來保證自己的效率。

■ 醫學直覺可透過訓練而得

這個有關病房擁擠的故事告訴我們：醫生的直覺不僅可以受益於那些招致誤解和被棄用的複雜方式，還可以透過簡潔且具有實證基礎的經驗法則得到改善。簡潔的經驗法則可以改善病房擁擠、提高醫療品質，還能縮小醫生治療時的選擇範圍。有了它，地域不再決定命運，醫生們也不用做一些無用的決定。但是，這種方法上的改變必須得到司法改革的支持，讓醫生不再害怕做對病人有利的事。司法改革的最佳基礎要從簡單的觀點開始：少即是多、世事無常。

對醫生進行有關經驗法則使用的訓練，讓他們掌握一些符合經驗、決策更快、透明的診斷方法。如葛蘭所說，醫生們喜歡簡明樹狀圖，而且，多年以後，在密西根醫院，他們還在使用它。下一步就是訓練醫生們瞭解各種捷思的建構要素，並經調整後用於其他病人群體，全面培養臨床直覺。有效率的醫療體系，要掌握一門藝術，那就是：著眼大處，忽略不重要的細節。

Chapter 10

道德行為不能推論

道德毫無神聖之處，它純粹只是人之常情。

——愛因斯坦

人們為何參與大規模屠殺

一九四二年六月十三日，黎明時分，駐紮在波蘭的德國第一〇一後備警察部隊的員警們被哨聲驚醒，然後汽車將他們載到一個村莊的郊區。他們特意加配了子彈，但卻不知道發生了什麼事，五百名員警聚集在五十三歲的威廉・崔普（Wilhelm Trapp）指揮官周圍。崔普指揮官緊張地解釋道，他和部下接到了一項可怕的任務，且命令來自最高層。村莊裡有一萬八千名猶太人，據說他們和游擊隊有牽連。他們接到的命令是將達到工齡的男性猶太人抓到囚犯勞動營裡去，而女人、小孩和老人則就地槍決。崔普在下達命令時，眼裡含著淚水，他努力地控制著自己。他和部下此前從沒接到過這樣的命令。說明完畢後，崔普還特別提出：如果有人覺得不能完成任務，就站出來。

崔普停頓了一下，讓員警們有幾秒的決定時間。最後，只有幾十個人站了出來，其他人參與了屠殺。許多人在剛開始執行任務時，會嘔吐或產生其他反應而無法繼續。幾乎所有的人都對自己的行為感到恐懼和噁心。可是，為什麼五百人中只有幾十個人站了出來呢？

歷史學家克里斯多福·布朗寧（Christopher Browning）在他的《凡夫俗子》（*Ordinary Men*）一書中描述了其中一個原因，是以戰後一〇一後備警察部隊的法律訴訟檔為依據。有一百二十五人提供了詳細證據，其中多數人都「非常坦白，他們既沒為自己開解，也沒有提供虛假的證詞」。[1]明顯的解釋就是反猶太主義。然而，布朗寧認為這不太可能。因為大多數員警都是有家室的中年人，因為年紀太大而未被徵入德國軍隊，才被送到了警察部隊。他們的性格形成期在前納粹時代，懂得不同的政治標準和道德標準。他們來自漢堡，那是德國納粹化程度最低的城市，這些人來自反納粹的社會階層，似乎不可能參加大屠殺。

布朗寧又給出了第二個解釋：依從權威。可是法庭上大量的詢問表明，這也不是主要的原因。崔普少校明確地說他們有「不服從」的自由，這與研究人員命令受試者對他人執行電擊的「米爾格實驗」（Milgram experiment）完全不同。崔普少校的介入減輕員警必須服從最高長官命令的壓力，他也不會懲罰拒絕服從的人。某位上尉因底下一名士兵率先站出來而憤怒，但被崔普少校制止。如果既不是因為反猶太主義，也不是害怕權威，那麼，是什麼讓普通人成為大規模屠殺的殺手呢？布朗寧指出了幾個可能的原因，其中包括沒有預先的警告和思考時間、擔心職業發展和害怕受到其他長官的懲罰。然而，在最後總結時，他還指出了另外一個原因，是與士兵對指揮官的認同有關。許多士兵似乎遵循著這樣一個社會經驗法則：

不可擅自脫隊。

照布朗寧的話說，這些員警「強烈覺得不可為了退出任務，而將自己從部隊中脫離出來」[2]，即便遵照指令就意味著違背「不殺害無辜」的道德規則。站出來就意味著承認自己懦弱，意味著要讓隊友執行更多這種不堪的任務，這是一件丟臉的事。對大多數人來說，殺人比被孤立容易一些。布朗寧在書的最後提出了一個問題：「在每一個社會群體中，同儕在行為上施加了巨大的壓力，設定了道德準則。在這種環境下，一〇一後備警察部隊的員警們寧願成為殺人兇手，那麼，還有誰不會犯下同樣的錯誤？」從道德的角度出發，這些士兵的行為不可原諒。然而，社會規範能幫助我們理解，為什麼某些社會情境會促成或妨礙一些具有道德意義的行為。

器官捐贈者

自一九九五年以來，有五萬美國公民因等不到合適的器官而死去。於是，非法買賣腎臟和其他器官的黑市出現了。雖然大多數美國人說他們贊同器官捐贈，而且大部分州都可以進行線上登記，可是相對來說，真正填寫捐贈卡的人很少。為什麼法國的潛在捐贈者占了九十九．九％，而美國只有二十八％呢？[3]是什麼阻礙了美國人填寫捐贈卡以救人性命？

如果道德行為是經過深思後的產物，那麼問題就在於美國人尚未意識到對器官的需求。這就要透過加大資訊宣傳範圍、提升公眾意識。迄今為止，美國和其他國家已經進行了幾十次這樣的宣傳運動，可是捐贈率仍沒有改變。而法國很明顯不必教育它的公民。人們也許認為這和民族性有關，是法國的道德已發展到更高層次，或是法國人比美國人更加不怕身體被公開解剖？或許如一些流行小說或電影所展現的，美國人是害怕醫生不會盡力救治那些簽了器官捐贈書的人。可是，為什麼德國願意捐贈者只有十二%，而奧地利有九十九．九%？畢竟，德國和奧地利有著相同的語言和文化，而且是鄰國。我們可從圖10—1明顯的差異看出，有一種強大的力量在發揮作用，這種力量比深思後的推論、民族性和個人喜好更加強大。我把這種因素稱為「預設立場法則」：

> 一旦有了預設立場，就照著做。

這個法則如何解釋美國同意捐贈器官者比法國少？在諸如美國、英國和德國等國家，法律預設規定，若沒有登記器官捐贈卡的民眾，視同不同意捐贈。法律預設沒有人是捐贈者，除非你自己申請登記。而在法國、奧地利和匈牙利等國家，每一個人都被預設為捐贈者，除非有人主動拒絕。大多數美國人、英國人、法國人、德國人，以及其他國家的人們似乎遵循著同樣的預設立場法則。他們的行為是預設立場法則和法律條件共同作用的結果，各國之間也因此形成鮮明的對比。有趣的是，在不遵循預設立場的人口中，選擇加入比選

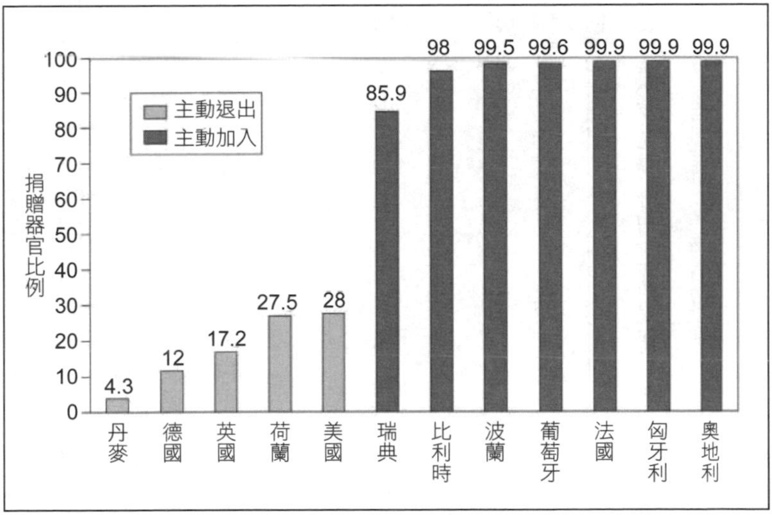

■ 圖 10-1 為什麼同意捐贈器官的美國人這麼少？在採用主動加入制的國家和採用主動退出制的國家，潛在器官捐贈者的比例會呈現鮮明差距。在美國，各州的政策也都不一樣，有的採用主動加入制，而有的是強迫人們做出選擇（請參見 *Johnson and Goldstein, 2003*）。

擇退出的人還多——二十八%的美國人主動選擇簽署器官捐贈卡，〇．一%的法國人主動退出。如果引導人們的是固定不變的個人偏好，而不是經驗法則，那麼就不會出現圖10－1中的驚人差距。從古典經濟學觀點來看，預設立場的影響力並不大，因為人們會因自身喜好而推翻它。畢竟，人們只需填一個表就可以選擇參與或者選擇退出。可是，證據表明，促成大多數人行為的往往是預設立場，而不是固定不變的個人偏好。

一個網路實驗表明，人們往往會遵循預設立場法則。[4]參與研究的一組美國人，必須假設自己剛搬進某一州，該州法律預設所有人都是潛在的器官捐贈者，但他們可以選擇改變意願。另一受試組，則是假設他所搬進的州預設所有人為非捐贈者。而第三個小組則被要求在沒有預設立場的情況下做出選擇。在這種假設情境中，遵循預設立場和拒絕預設立場一樣容易，即使如此，預設立場仍發揮很大的影響力。當受試者必須主動選擇退出時，八十%的人對自己做為潛在器官捐贈者的現狀感到滿意，這比在沒有預設立場時的比例要高一些。而當要人們必須主動選擇參加時，只有一半的人會改變預設而成為捐贈者。

預設立場法則背後的原理可能是，現有的預設立場就是合理的建議——主要因為它是一開始就被執行的，再者，它能減輕人們的壓力，使他們不用面對諸多決定。預設立場法則並不局限於道德問題。比如，在賓州和紐澤西州，駕駛人可以選擇購買兩種保險：一是駕駛人可以享受無限制提出訴訟的權利；另一種則是相對便宜，但訴訟權利也相對縮限。[5]賓州是預設採用無限制保險，紐澤西州則是預設有限制保險。如果駕駛人對訴訟權利有固定偏好，他們應該就會忽略各州的預設，而採用差不多的保險型態。如果遵循預設立場法則，那麼，大部分的賓州駕駛人便會購買較貴的保險。事實上，七十九％的賓州駕駛人購買了全額保險，而在紐澤西州只有三十％。據估計，賓州的駕駛人每年要花四百五十美元購買全額保險，假如他們的預設立場和紐澤西州一樣，那麼他們就不會花這麼多錢了，反過來也一樣。如此，根據習俗設定的預設立場對經濟和道德行為有著重大的影響。許多人甚至會因此避免主動做決定，哪怕是生死攸關的決定。

理解道德行為

我們對道德行為的分析，著眼點是世界的實際狀態，而不是世界的理想狀態。後者屬於道德哲學的範疇。對道德直覺的研究永遠不可能替代對道德謹慎和個人責任的需求，但它可以幫助我們理解什麼樣的環境會影響道德行為，從而幫我們找到改進的方法。

我的論點是，如同語言一樣，人類對於道德也有著與生俱來的能力。孩子們彷彿生下來就準備好接受當地的道德原則，就像學習母語的語法。從各種次文化中，他們學會微妙地區分在特定環境下該有的行為，就像能夠區分方言的不同。如同人們能判斷母語句子的正確或錯誤，卻說不出原因，同樣，隱藏於「道德語法」背後的道德規則，很顯然也是我們意識無法所及之物。然而，不同於語言的是，這些原則常常互相衝突，結果或許會引發道德災難（比如大屠殺），或者激發道德情操（比如器官捐贈或捨己救人）。這些法則本身並沒有好壞之分，但它有可能遭到誤用。我將我對於道德直覺的看法，總結成三大原則：

- **不被意識所知**：和其他直覺一樣，道德直覺也是迅速出現在意識裡的，力道強烈到足以引發行動，且其基本原理無法用語言表達。
- **具有根源與原則**：直覺附著於某一個根源（個人、家庭或社群）上，有著情緒目標（比如避免傷害），能用經驗法則描述。
- **深受社會環境影響**：道德行為因環境不同而異。對引導人們行為的法則有所瞭解，就可避免一些道德災難，而這些法則是由環境觸發的。

道德情感會因其附著的根源不同而有所差異，這些根源包括個人、家庭或社群。比如，「傳統」自由主義觀點認為，道德就是用以保護個體的權利和自由。個人的權利得到了保障，人們就可以隨心所欲從事任何行為。於是，其他行為就不被視作道德問題，而是社會習俗或個人選擇的結果。根據這種以個人為中心的論點，色情和吸毒是個人品味問題，而殺人和性侵就屬道德範疇。然而，在其他觀點或文化看來，道德直覺不只有關個人，更與整個家族有關。在以家族為中心文化中，每個成員都有自己的角色（比如，母親、妻子或長子）和對於家庭的終身義務。最後，道德直覺也可延伸至超越基因限制的群體，成員們雖然不是生來就有關聯，但有著象徵意義上的關聯，比如，宗教、地域或會員。自由主義者們並不把這種以社群為中心的道德規範中的一些原則，視為最重要的道德價值觀，包括對集體忠誠和尊重權威。而大多數保守派則擁護群體道德，反對那些被他們視為狹隘道德的個體自由。政治和宗教自由人士很難理解保守派口中的「道德價值觀」，也不理解他們為什麼會反對並不妨礙他人權利的同性戀。

心理學家強・海德特（John Haidt）提出了五種演化能力，每一種能力都像一個味蕾：傷害意識、互惠意識、階級意識、我群意識、淨化意識。[6]據他所說，我們的思維能因所成長的文化環境，將道德感受與這些道德能力連結起來。下面我將這幾種味蕾和三種「根源」聯繫起來。在推崇個人主義道德規範的社會中，只有前兩種味蕾被啟動，以保護人們免受傷害；並藉由公平和互惠原則來保障個人的權利。根據這種道德規範，墮胎、自由言論和抵制酷刑的行為等等，都屬於道德問題。西方道德心理學注重這種個人化，所以，站在這個角度來看，道德直覺重點在於個人的自由和自律。

在一個注重家庭道德規範的社會，有關傷害意識和互惠意識的道德直覺是根植於家庭，而不是個人。那是家庭需要保護的福利和榮譽。這種道德觀容易導致族閥主義，因而受到個人主義者的懷疑。但在許多傳統的社會，任人唯親是一種義務，而不是罪行，從印度到美國，在現代民主中，也存在家族關係。不過，個人主義社會對任用親屬的做法表示不滿，其他社會對個人主義者的家庭觀也不乏鄙夷之意。一九八〇年，我第一次去俄羅斯時，和一些學生進行了激烈的討論，他們對西方人安置父母的方式——把他們送到養老院終老的行為非常憤慨。他們認為西方人不願意照顧自己父母，且對這種行為很反感。這種家庭倫理也會激發階級意識，並產生尊敬、責任和服從的情感。

在崇尚以社群為中心的社會，有關傷害意識、互惠意識和階級意識相關的道德直覺，是以群體，而不是家庭或個人為根本。它的倫理觀點能激發五種道德能力，包括我群意識和淨化意識。大多數部族、宗教群體或國家都提倡愛國主義、忠誠和英雄主義等美德，從遠古時代，個人就開始為自己的群體而犧牲生命。在戰爭年代，「支持我們的軍隊」是最流行的愛國主義情感，而批評他們則被視為背叛。同樣，對於純潔、污染和神聖，大多數群體都有所界定。若有人違背這些準則，就會招致厭惡，無論是吃狗肉、和羊性交，或者只是沒有天天洗澡。然而，在西方國家，道德問題往往以個人自由為中心（比如終止自己生命的權利）；在其他國家，道德行為更注重集體的道德規範（包括對權威的責任、尊重和服從）和宗教式的道德（比如淨化和昇華心靈）。

需要注意的是，這些都只是傾向，而不是明確的分類。每一種人類社會的道德直覺都來自那三種根源，儘管側重有所不同。《聖經》中的十誡、猶太律法書的律則或六一三條誡命，以及其他宗教典籍，都提到了三種根源。比如，十誡中的「不可做偽證」可以保護他人的個人權利，「應孝敬父母」確保了對家庭權威的尊重，「不可崇拜其他神祇」保障了集體中的宗教規範。由於道德直覺根著在不同的根源上，因此不免發生道德衝突，而非只是偶然的例外。

與我觀點相反的是，道德心理學將道德行為與語言推論和理性思辨聯繫在一起。比如，勞倫斯．郭爾保（Lawrence Kohlberg）的認知發展理論，假設了三種道德認知階段（每一個階段又再細分為兩個層次）。最初階段，小孩子對正確的理解取決於「我喜歡」，也就是說，自私地判斷什麼能帶來回報或者避免懲罰。到第二個「道德成規」階段，大一點的孩子和成人透過「集體贊同」來判斷什麼是道德的，也就是透過權威或者相關群體來判斷。最高的後道德成規期，是非判斷是根據從自身或集體中分離出來的客觀的、抽象的和普遍的原則。用郭爾保的話說：「我們認為有一種全球通用的合理道德理念的形式，且所有人都能用該形式來表達。」[7]

支持這些階段的證據，源自於孩子們對道德困境的回答，而不是對實際行為的觀察。郭爾保強調語言表達的行為，與我們所提出的第一個原則「不被意識所知」形成對比。描述母語語法規則的能力，並不能測試出某人對語法的直覺知識。同樣，孩子們具有的道德認知能力比他們所能表達的豐富。郭爾保強調個人權利、公平正義和重視他人利益，預設了個人式道德觀，而忽略了家族或社群的道德觀。然而，多年的實驗研究並未表明道德發展有著明確的階段。郭爾保的理論架構有三個階段，每個階段又分為兩個層次；於是，就理論而言，總共有六個階段。但是，第一、第五和第六階段很少以純粹的形式出現，不管是在成人還是兒童身上；一般來說，兒童的第二和第三階段是混合在一起的，而成人往往也是同時進入道德成規期的兩個階段。全世界只有一％或二％的成人能達到最高級的道德認知能力。

我不懷疑人們在區分對錯時會進行有意識思考，雖然往往是發生在事後對自己的行為進行解釋。可是接下來，我們關切的是基於直覺的道德行為。

道德的直覺

根據我們提出的第一個道德直覺原則，人們往往無法意識到自己道德行為背後的原因。在這些情況下，有意推論是對道德決策的事後理據，而不是引發道德行為的原因。看看下面的故事：

> 朱莉和馬克是親生兄妹，他們利用暑假時間，一起去巴黎旅遊。一天晚上，在一個小木屋裡，他們想做愛，保險起見，他們既吃了避孕藥，也用了保險套。他們都能享受做愛的過程，可是，他們決定再也不這樣做了。於是，那晚成了他們的祕密，這個祕密讓兩人更加親近。你贊同他們的行為嗎？你覺得他們可以與對方做愛嗎？

聽到這個故事後，大多數人的第一反應是兄妹之間不能做愛。[8]可是，當問他們為什麼不贊同的時候，他們才開始思考原因。人們或許會提到近親交配的後果，然後提問者提醒他朱莉和馬克用了兩種避孕方法。還有的人開始結結巴巴，最後來一句：「我不知道為什麼，但我知道這樣是不對的！」海德特將這種心境叫作「啞口無言的道德判斷」。許多人對兄弟姐妹、堂兄弟姐妹之間的亂倫很反感，儘管古埃及王室似乎對此毫無困擾。同樣，絕大多數人不願食用去世雙親的大腦，但在其他文化中就不一樣，他們反而認為讓蟲子吃掉死者，才是對死者的侮辱。悠久的哲學傳統告訴我們，道德問題的絕對真相是可以從直覺中看出來的，無須別的理由。[9]道德直覺往往是不言而喻的，這點我贊同，但這些直覺不一定就是普遍的真相。理性思辨很少引導人們做出道德判斷，它只能在事後解釋或證明我們的道德直覺。[10]

第二個道德直覺原則，主張我們能在道德行為和不具道德色彩的行為背後，發現相同的經驗法則。如之前所描述的，預設立場法則不但能解決我們所謂的道德問題，也能解決非道德問題。另一個例子是模仿，它在許多情況下都引導著我們的行為[11]：

按照多數同儕行事。

這個簡單的原則在不同發展階段引導著我們的行為，從兒童、青年再到成年。它實際上確保了在同儕群體中的社會認可，也與社群的道德規範保持一致。如果違背了這個原則，別人就會說你懦弱或者古怪。它能引導不論好壞的道德行為（慈善捐贈、歧視少數），和消費行為（穿著打扮、音樂品味）。青少年喜歡買Nike的鞋子，因為他們的同儕都穿Nike，反移民活動的人毫無理由地討厭外國人，也是因為同儕恨之入骨。

再看看「不可擅自脫隊」這個經驗法則。這個原則可能將一名士兵變成忠實的戰友，也可將他變成殺手。如一名美國步槍兵在回憶二戰時期的戰友之情時說：「向岸上進攻的原因不是愛國主義或勇敢，而是不想失去戰友的情感。那是一種特殊的親情。」[12]一些表裡不一致的行為，也可能是源自同樣的經驗法則，比如，這麼好的人怎麼可能做那麼壞的事，那個討厭的人怎麼變得這麼好？規則本身不分好壞，但它能產生令人稱讚的行為，也能產生招人責備的行為。

許多心理學家認為感受與理性水火不容。然而，我認為直覺本身就具有合理性。直覺和理性思辨之間的不同處在於，支撐道德直覺的理由往往是無意識的。因此，真正有意義的區別不在感覺和理性之間，而是在於正確掌握無意識理由的感覺和理性思辨之間的差異。

第三個道德直覺則非常實用，如果知道了支撐某種道德行為的機制和觸發這種道德行為的環境，那麼，就能阻止或者減少道德災難。想想器官捐贈的例子。法律制度若能意識到經驗法則引導行為這一事實，就能將理想的選擇變成預設立場。在美國，簡單地改變一下預設立場，就能拯救更多等待器官捐贈的人。設定合適的預設立場是對複雜問題進行簡單處理的辦法。同樣，再看看一〇一後備警察部隊的員警們。這些人從小就遵守著基督教和猶太教所共有的「不可濫殺無辜」的戒律，而崔普的命令也使服從戒律與保留職位並不衝突，但如果他改變方式來陳述他的提議，讓那些願意接受任務的人站出來，那麼，參與殺人的員警人數可能大大減少。由於時間不可逆轉，我們也無從證實這點，可是這兩個例子都說明，對道德直覺的看法能夠「由外向內」影響道德行為。

繼續這項思維實驗，我們往相反的方向假設：士兵們的行為是由某些人格特質，例如權力、反猶太主義、對少數民族的偏見或邪惡的動機引起。如果是這樣，要立刻阻止這種行為是不可能的。在這裡，社會環境（崔普少校和其他士兵）發揮的作用並不大，單是一名員警就可以從戰友中分離出來參與屠殺。與經驗法則相比，人格特質並不能改變什麼。

道德直覺是基於演化而來的能力所發展的。對同儕團體的強烈認同，正是這些能力之一。也正是這種能力讓人類變得獨一無二，包括文化、藝術與合群，但它也是許多苦難的起點，從服從團體的社會壓力到對其他群體的仇恨與暴力。對於那些認為道德行為是基於固定不變的個人偏好或獨立的理性思辨的人來說，我的分析是對他們的挑釁。但這種看似虛幻的理論，其實為我們提供避免道德災難的智慧。

道德機構

從地方教堂到羅馬教廷，從受虐婦女避難所到國際特赦組織，人們喜歡成立各種各樣的道德機構。一個道德機構試圖為正當行為制定標準、界定善惡，並致力對社會產生積極的影響。這些機構的組織結構，不但影響成員的道德行為，也會影響成員認知行為背後的合理性。

保釋與監禁

是否無條件保釋，還是收押禁見，是司法要做出的重要決定之一。在英國體系中，大多數治安法官（Justice of the Peace）是未經過法律培訓的地方人士，這個決定往往是由他們來做。在英格蘭和蘇格蘭，治安法官每年要與兩百萬被告人打交道。他們的工作包括每一兩個星期抽出一個早上或下午的時間坐在法庭上，處理兩三起案子。那麼，治安法官們是如何做決定的呢？法律規定，他們應重點關注犯罪行為的性質和嚴重性，包括被告的特徵、社區關係和保釋紀錄，以及控方的證據強度和其他相關因素。[13]然而，法律並未規定治安法官該如何將這些資訊結合起來，法律也沒有檢驗他們的決策是否恰當，換句話說，只能靠治安法官的直覺。

治安法官是如何做這幾百萬次決定的呢？當然，他們會自信滿滿地說，為確保公正無私，他們已經徹底核對過所有的證據。比如，他們表示某個決定「是衡量了大量的資訊，並結合我們的經驗及素養評估而來」。委員會主席聲稱：「我們受過嚴格的培訓，能對掌握的證據提出質疑並進行嚴格審視。」[14]有人就自信地說：「治安法官的複雜決策是無法加以研究的。」

事實上，我們能夠研究這種決策過程。人們往往認為他們是用複雜的策略來解決複雜的問題，其實他們的策略非常簡單。為找出治安法官直覺決策背後的原理，研究人員在四個月內觀察了兩家倫敦法庭的幾百次聽證會。[15]治安法官平均花在一起案件上的時間不到十分鐘。倫敦治安法官詢問的資訊，包括年齡、種族、性別、犯罪的嚴重性、犯罪類型、犯罪次數、與受害者的關係、答辯態度（認罪、不認罪、放棄答辯）、前科、保釋紀錄、控方的證據強度、最大可能刑期、休庭情況、休庭間隔、之前的休庭次數、起訴請求、辯護請求、之前的法院保釋判決和警察局保釋紀錄。此外，他們還要看被告是否出席了保釋聽證、是否再次進行法律陳述、陳述者是誰。並不是每個案件都需要這些資訊，而且其他案件可能還需要其他資訊。

請相信治安法官們認真核對了所有的證據。然而，一份有關A法院實際保釋判決的實地分析報告，顯示出治安法官的決策方式呈現某種簡明的樹狀結構（如圖10－2，左）。它正確預測了所有決定的九十二%。當控方反對保釋或要求有條件保釋時，治安法官們也會反對保釋。如果控方不反對，或無可靠資訊，那麼第二個原因就派上

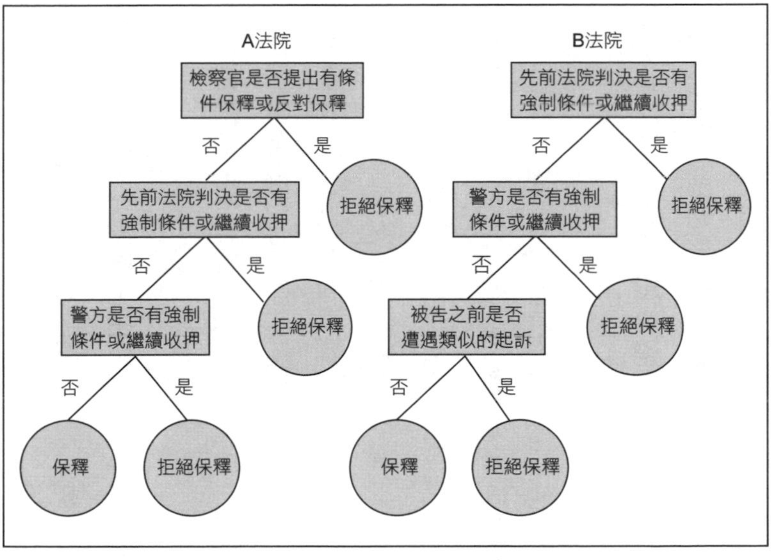

■ 圖 10-2　英國治安法官們是如何做出保釋決定的？兩個簡明樹狀圖能夠正確預測兩家倫敦法庭的大多數決定。治安法官顯然沒有意識到自己使用了簡單的經驗法則（請參見Dhami, 2003）。拒絕保釋＝繼續收押或有條件保釋；保釋＝無條件保釋。

用場。如果之前的法庭施加了條件，或扣留候審，治安法官也會反對保釋。否則，他們就會考慮第三個原因，且根據警察的行動來做出決定。B法庭的治安法官們也使用了有著同樣結構的經驗法則，並考慮了兩種相同的因素（圖10－2，右）。

倫敦的這兩個法庭使用的經驗法則似乎違背了法定訴訟程序。每位治安法官的決策都只憑一種原因，比如員警是否處以有條件的保釋或進行收押。人們也許會說，員警或者控方已經看過了所有與被告相關的證據，因此，治安法官只需要走一條捷徑就可以了——若按這種說法，治安法官們就可有可無了。然而，這些條件似乎既與犯罪行為的性質和嚴重性無關，也與法定訴訟程式的相關資訊無關。另外，治安法官問了與被告相關的資訊，卻往往又在做決定時忽略這些資訊。[16]這些治安法官一定不知道自己是怎麼做出保釋決定的，除非他們故意欺騙大家（我沒有理由這樣假設）。

然而，按照法定訴訟程式，知道越多越會引起道德衝突。治安法官的正式任務是公平對待罪犯和公眾，所以他們必須和醫生一樣避免兩種錯誤：疏漏和誤報。疏漏是指被告被保釋出去後又犯了其他罪行，比如，威脅證人或拒絕出庭。

誤報是指拒絕讓循規蹈矩的被告獲得保釋。不過，這個目標不易達成。

其一，英國機構並沒有蒐集有關治安法官決策品質的系統資訊。儘管保留了出現誤報的時間和頻率相關資料，但卻沒有疏漏的相關數據：我們不知道犯人被保釋後是否還會犯罪。也就是說，治安法官們在缺乏任何回饋的情況下，負擔起維護正義的責任，由於他們沒有機會學習如何正確執行任務，所以只能採取最保險的方式以保護自己。只有當被告棄保逃亡或是在保釋期間犯罪，才能證明治安法官的決定是錯誤的。如果發生這樣的事，治安法官們便援引上述無意識中形成的簡明樹狀圖中的理由為自己辯護。比如，在A法庭上，治安法官可以強調，無論是檢察官、之前的法庭抑或是員警都沒有提出或要求執行收押，因此，被告在保釋期間犯罪是無法預見的事件。這種防衛性的決策就叫作「推卸責任」。

英國保釋體系要求治安法官們遵循法定程序，但它並沒有在機構中設定相關程序。結果，治安法官的實際行為和理念之間形成了一道缺口。如果治安法官們對自己所採用的決策方式有所認識，那麼，他們會發現這些判決有違正當法定程序。這正可用來根除治安法官虛幻的自信，以改進英國的保釋體系。

■裂腦機構

社會機構是如何形塑我們的道德行為？就像螞蟻在沙灘上的行為一樣，人類的行為也必須適應自然或社會環境。所有機構，像英國法院一樣，皆要求成員執行某些道德責任。成員可能犯兩種錯誤：疏漏和誤報。如果該機構不提供有關疏漏和誤報的系統回饋，而是在出現誤報時責備成員，這就激發了成員自我保護的天性，並使其淩駕於維護正當利益的欲望之上，從而助長了他們的自欺行為。我把這種環境結構稱為「裂腦（Split-brain）機構」。這是在對連結左右大腦的胼胝體被切除（Corpus callosotomy）的人，所進行研究時提出的術語之比喻。[17]

研究人員拿一張裸照在某位裂腦患者的左視野區晃，患者開始發笑。研究人員便問她為什麼笑，患者說研究人員的領帶很好笑。患者所看見的裸照只進入了她的右腦（非語言腦）。由於該患者左右腦之間的連結被切除了，因此左腦（語言腦）不得不在沒有資訊的情況下做出解釋。裂腦患者必須靠左腦來解釋由右腦發起的行為，從而虛構出故事。同樣的事也發生在普通人身上。研究裂腦患者的神經科學家麥克．葛詹尼加（Michael Gazzaniga）將負責語言的左腦叫作「詮釋者」，它能夠編造一個故事來合理化無意識心智產生的行為。而我認為，治安法官或其他人的也運用相同的方式，來解釋自己的直覺感受。

這種類比有所限制，和裂腦患者不一樣的是，裂腦機構能對虛構行為施加道德制裁。我們也看到了，如果治安法官完全意識到自己正在「推卸責任」，他們也能意識到他們的方法與法定程序是互相衝突的。醫療機構往往有著類似的裂腦結構。許多西方健康體系允許病人調查專科醫生的排名，但卻不提供有關治療有效性的回饋，以判斷醫生治療的效果。你可以控告醫生看漏了一種疾病，卻無法指控他治療過度和用藥過度，這就讓醫生的自我保護凌駕於他對病人的保護之上，從而助長了他的自欺行為。

透明化的組織

直率就好比墨水，有效的道德體系就是由它寫成。「十誡」就是最好的例子。《聖經》上說，在西奈山上，宗教箴言神聖般地顯現在摩西面前。它們刻在兩塊石碑上，只有短短十句，很容易記住，而且留存千年。假如上帝當時請了法律顧問，法律顧問可能會為了涵蓋道德生活的各方面，而增加幾十個條款和備註。然而，完備似乎並不是上帝的目的。我相信，上帝是一個容易滿足的人，而不是一個完美主義者。他關注最重要的議題，忽略其他因素。

一個社會需要多少道德法則呢？十誡夠嗎？或者，我們是否需要像美國稅法那樣複雜的體系？法律太難懂了，就連我的法律顧問都無法瞭解所有的細節。不透明的法律體系促進了那些鑽法律漏洞的遊說集團的利益。法律專家理查・艾普斯坦（**Richard Epstein**）認為，非常完整的法律體系只是一種幻覺。沒有一個體系能涵蓋九十五％以上的法律案件；其餘的須由審判來決定。他也認為，這九十五％的案件，實際上由少數幾條法律就可以解決。艾普斯坦在他的《複雜世界的簡單法則》（*Simple Rules for a Complex World*）一書中，提出了一套只有六條規範的法律系統，其中包括對自我的擁有權和防止受侵害的權利。

快樂微積分

到目前為止，我解決了行為實際上所發生的狀況。在許多情況下，人們的道德情感基於無意識的經驗法則。同時我也不排除理性推論是道德行為的動力之一，但我認為，這只在特定的背景下出現，比如在專業辯論或是在社會動亂中。有趣的是，簡單原則和複雜推理之間的討論也存在於道德哲學中，它試圖回答人們的行為應該如何。

「十誡」可以做為經驗法則的例證。言語簡短的優勢在於它們易理解、記住、遵守，比如「孝敬父母」和「不可殺人」。簡單的原則與道德哲學中所謂的「結果主義」（Consequentialism）不同，[18]後者允許為達目的不擇手段。如果對一名恐怖分子嫌犯施以酷刑能保護國家安全，那麼對他施刑就是對的嗎？對此，有兩種觀點：一方說，要看兩種選擇（施刑與不施刑）的結果和可能性，選擇一種預期效益最高的，如果和國家的安全相比，對恐怖分子嫌犯施刑的不利程度較小，那麼選擇施刑；另一方說，「不施酷刑」的道德原則高於一切。

許多道德和法律哲學的核心觀念，就是將預期效益或快樂最大化。十七世紀法國數學家帕斯卡將最大化做為道德問題的答案，比如某人是否該信奉上帝。[19]他說，這種決定不應該以盲目的信念或盲目的無神論為依據，而是要考慮每一種行為的結果。假如我們信仰上帝，但祂並不存在，我們只會損失一些俗世的快樂。可是，假如我們不信上帝，但祂卻存在，我們將會遭遇永遠的詛咒和折磨。因此，帕斯卡認為，不管上帝存在的機率有多大，已知結果表明：相信上帝是對的。有價值的是行為的結果，而不是行為本身。除了用在個人上，這種想法也有集體版本：

促進最大多數人之最大快樂。

英國法律與社會改革家傑瑞米・邊沁（Jeremy Bentham）提出了一個計算行為是否帶來最大快樂的微積分。[20]他的「快樂微積分」就相當於我們在第一章提到的富蘭克林的「道德代數」。

每一種快樂或痛苦的價值來自六種因素，它們是：

1. 強度
2. 持續時間
3. 確定程度
4. 距離
5. 延伸性（帶來其他類似感受的機率）
6. 純粹性（阻絕相反感受的機率）

為判斷可能產生最大快樂的行為，邊沁對每一種行為提供了以下指標。先計算出這個行為對某人的正負影響，總結出這個人可能經歷的所有快樂和痛苦的值，然後再決定這個行為在此人身上所創造出的快樂值。對其他人重複同樣的計算過程，便可決定出這個行為替所有人帶來多少快樂。然後重複對其他行為的計算流程，最後，得分最高的行為，即是最具道德正當性的行為。

邊沁的計算是當代結果主義的原型。在我們的世界中，它是如何發揮作用的呢？假設在一個多雲的晚上，載有四百人的波音七四七正開往洛杉磯。地面與駕駛艙的聯繫突然中斷，其中一名乘客發短信給他的朋友說飛機被劫持了。接著是一片安靜。地勤人員懷疑飛機會直接飛向美國銀行大廈，就像之前發生過的恐怖攻擊一樣。飛機將在五分鐘內抵達美國銀行大廈上空，一架戰機已經在空中待命。戰機必須快速做出反應，阻止飛機撞上目標，避免人口密集區受到重創。但同時，誰也不能確定飛機是否會襲擊大廈。你能命令飛行員擊落波音飛機、殺死四百名無辜的乘客嗎？

對於快樂計算法來說，這種情境既簡單又複雜。簡單是因為只有兩種可能的行為，擊落飛機，或者靜觀其變。複雜是因為必須在有限的時間和資訊條件下做出決定。美國銀行大廈裡有多少人？這真的和九一一事件一樣嗎，還是那條簡訊是錯誤的，甚至只是一個玩笑？由於雲多，飛行員是否會打到別的飛機？這種情況並不是快樂計算法的經典例子，因為對快樂和痛苦的計算需要進行諸多猜測，還可能出現錯誤。按照計算法，我們需要估計每一個相關人員（每一名乘客、機組人員、大樓裡的人、附近地面上的人和這些人的親戚朋友）感受的強度、持續時間，還要估計飛機墜落或是不墜落引起的痛苦和快樂的程度。

儘管邊沁的計算法形成了促進民主和自由改革的道德體系，但它對於即時決策並沒發揮多大作用。首先，假如無法計算出快樂或痛苦的具體數值，我們也可藉由其他不相關的理由，任意決定射擊與否。這個問題不只出現在有時間限制情況下的道德判斷。哲學家丹尼爾・丹奈特（Daniel Dennett）提出了一個問題：三哩島（Three mile Island）核融解事件到底是好事還是壞事？[21]對於導致該事件的決策，我們應該賦予正面或負面的評價？它對核子政策的長期影響（許多人認為是正面效應）超過了其引起的負面結果嗎？該事件發生許多年後，丹奈特總結說，要說何時能得到答案還言之過早。其二，這一類複雜計算的優勢還未有所證。正如我們之前所述，即便能夠考慮所有因素，使用複雜方式的正確預測率，往往不如只考量單一好理由的決策方式。

二〇〇一年的九一一事件後，各國為應對飛機事件，紛紛做出裁決。二〇〇六年二月，德國聯邦憲法法庭做出裁決，因為疑似恐怖行動而犧牲和故意殺害無辜百姓的行為違反了聯邦憲法中保護人性尊嚴的條款。也就是說，如果被劫持的飛機上有無辜的乘客，那麼擊落飛機就是違法的。此外，法庭還提到了假警報的危害，說它可能導致在不清楚和不確定的情況下做出擊落飛機等不必要的行為。另一方面，俄羅斯議會通過了一條法律，允許擊落疑似被做為飛行炸彈的客機。這些不同的法律決定表明，結果主義和康德派的「不為了達到目的而殺害無辜百姓」的道德原則之間是相互衝突的。

這兩種道德決策體系的不同之處，在於它們是否願意交易。有人認為必要時應該為了道德責任而進行交易或妥協，但這往往與我們的直覺感受互相衝突。

道德妥協是否不道德？

黛安娜和大衛是一對非常恩愛的夫妻。他們各自的事業剛起步，她是一名房地產經紀人，他是一名建築師。他們找到了建造愛巢的最佳地點，並辦理了抵押貸款。經濟蕭條時期，他們失去了擁有的一切，於是前往洛杉磯，想贏回他們需要的錢。在賭桌上輸了之後，一位對黛安娜一見傾心的億萬富翁向他們提議，願意出一百萬美元換取與黛安娜共度一晚。

如果你和你的配偶面臨這種財務危機，你會接受這個提議嗎？安卓亞・林恩（Adrian Lyne）的電影《桃色交易》（*Indecent Proposal*）中的情節就是應對這種交易。忠誠、真愛和榮譽可以用作交易籌碼嗎？許多人認為，用這些神聖的價值觀來交換錢或其他世俗的物品，是毫無道理的。然而，經濟學家會提醒我們，我們生活在一個資源有限的世界裡，因此所有東西最終都會被貼上價格標籤，不管我們是否樂見這種情況。對此，作家奧斯卡・王爾德（Oscar Wilde）曾定義玩世不恭的犬儒學派，是知道所有事物的價格、卻不知其價值的人。《桃色交易》的張力在於將忠誠視為神聖的價值觀，與將忠誠視為商品之間的衝突。夫妻倆最終接受了提議，可是那晚以後，他們才明白自己的決定還要付出額外的代價：他們的關係幾乎破裂。

對於道德妥協和交易的態度，受到文化因素的影響。自由民主黨人和保守的共和黨人也一樣。自由市場能允許買賣人體器官、博士學位或兒童收養權嗎？人們可以將自己賣作他人的奴隸嗎？有些地方買賣兒童，或者把未成年幼女賣給別人當媳婦。妓女靠出賣身體和性謀生，還有人指責政治家出賣自己的理想。如果什麼東西被認為具有道德價值，那麼，用它做交易就會引起道德憤怒。許多市民反對專家根據年齡、性別或教育水準對某個人賦以貨幣價值，這就是其中一個原因。同樣，如果某汽車公司當眾宣佈自己公司的汽車將不引進特殊的安全預防措施，因為拯救一個生命要花費一億美元，肯定會引發道德憤怒。[22] 大多數文化中都有一種強烈的直覺，那就是：生命的價值不應該由金錢來衡量。

這種對交易的反感表明，道德直覺基於一種經驗法則，而這種經驗法則又是基於單一原因決策，而不是權衡和增加重要性。同樣，有兩種人，進行交易的道德完美主義者，和不進行交易的道德滿足者。或許，我們每一個人都有願意交易和不願交易的道德價值觀。其分界線取決於我們道德直覺的根源在哪裡。

如果植根於個體的自主權，那麼交易就沒有問題，除非它傷害到其他人或者侵犯了他人的權利。如果道德規範植根於家庭或集體，那麼，與階級、派系和族群相關的問題，便不是我們所能妥協的事物。

Chapter 11
無知者無畏

當別人笑的時候，即使你不知道他為什麼笑，也要跟著一起笑，而且越快越好。

——普林斯頓大學日籍學生

朋友曾告訴我一個故事，是關於一名五十五歲喜歡穿超短裙的女教授。教授是天主教徒，有一次去巴黎參觀教堂。因為要等一位朋友，所以她也參加了教堂當時正在舉行的悼念儀式。她就站在一列長長隊伍的最後，當她終於走到前面時，看到一個男人的屍體躺在棺材裡。她前面的人都親吻了死者的手背。輪到她時，她緊張地在胸前畫了一個十字，還一邊往後退。然後，她發現那個身著素衣的寡婦和其他女人正盯著她看。她也會一些法語，所以無意中聽到寡婦悲傷地說，本以為自己的丈夫外面沒有情人，看來錯了！這時，教堂另一邊的男人們也有同樣的想法，並對她品頭論足，畢竟情人總是排在悼念隊伍最後。因為法語不夠好，加上時間有限，這位可憐的教授不知道該怎麼解釋當前的情況。尷尬之餘，她跑出了教堂。

對於一個沒有社交本能的「火星人」來說，這件事並不嚴重：只不過無意中站錯了地方，後來發現了自己的錯誤，然後離開。患有自閉症的人對這個問題的看法大概也類似。而一般現代人是社交動物，他們擁有對社交生活動態（包括背叛、信任和名聲）快速做出結論的能力。我們能發覺已知資訊以外的情況，我們不僅具有這種能力，而且還不能不使用它。我們無法停止對他人進行推斷。這種能力就叫作社交智慧，或者，為強調它的操縱力，稱之為權謀智慧。

為什麼我們具有社交智慧呢？根據社交智慧的假說，人類所處的社會環境比物理環境更加複雜、具有挑戰性，且不可預測。所以，這種複雜的環境創造了最高級的智慧：「必須能計算自身行為結果和他人行為的可能結果，以及收益與損失之間的平衡」的計算思維。[1]從這個觀點出發，一個人對他人的心智解讀得越好，他的社會智商也越高。當一個男人推測某個女人是否相信他愛她，這個女人猜想他是否明白她明白他的意圖，他就得再臆測「她認為他認為她認為他認為她接下來將會怎麼做」等等，想得越多越好。這種假說是預設解決複雜的問題需要複雜和有意識的思考。但是，正如我們所探討的結果，並沒有必要這樣做。

我認為大多數社交不是複雜計算的產物，而是特殊直覺的結果，我將這種直覺稱為「社會本能」（social instinct）。

本能的直覺

如果有人認為人的本性就是自私，通常會被視為現實主義者。事實上，很多人贊同這樣的看法，即我們是受唯一一個動機驅使著：「這對我有何好處？」有關利己主義的理論很難反駁；即便人們犧牲自己的利益幫助了別人，也會有人說他們這樣做只是為了讓自己心裡舒服。我也承認，有時我們的行為是自私的。但是，我也認為，意識到人類的驅動力有許多種，才有助於我們理解人類的本質。自私與以下兩種基本的社會本能是相互衝突的。

人們一直生活在相對較小的群體中，直到一萬年前農業開始發展才有所改變。我們的社會本能是在某種小的社交網絡中形成，所以兩種基本的社會本能就是家族本能和社群（部族）本能。[2]家族本能是源自人類的靈長類祖先，而社群本能是人類獨有的。

家族本能：照顧好你的家人。

社群本能：支持某個具有象徵意義的群體，與成員合作，保護他們。

如果人人都是自私的，就不存在家族本能。而事實上，許多動物就不具有家族本能。如我們所知，許多爬蟲類既不關心自己的親屬，也不關心自己的後代，有的甚至將牠們視為獵物。相反，社交性的昆蟲，比如螞蟻，被認為是願意分享、關愛和具有群體思想的生物。為什麼螞蟻寧願放棄繁殖而去撫養蟻后的後代？這個問題曾令達爾文困擾。如今可用親屬選擇（**kin selection**）原理來回答，該原理中，幫助親屬的衝動戰勝了個人的自私。從這個觀點出發，如果要你在自己的性命和兩個弟弟的性命之間選擇，你可能會選擇自己的性命，但如果是三個弟弟，你可能就會犧牲自己去救他人。你的弟弟有著你的一半基因，所以，從基因角度出發，兩個弟弟的性命和你的一樣重要，但如果是三個弟弟，那麼他們的性命就更有價值。[3]

事實上，基因並不總是發揮作用，但是我們的確比較關心自己的兒侄，即便他們不值得。君主制是家族本能的政府原型，王子和公主享受特權是因為血緣關係，而不是因為他們具有美德。如之前提到的，在許多傳統的社會，任人唯親並不是犯罪，而是一種家庭義務。這種家族本能傳染給了政府，政客們提拔他們的子女和兄弟姐妹，而不用最適合的人選，因為他們是一家人。

然而，社群本能使我們與其他動物區分開來。它使我們認同更大的、具有某種標誌性的群體，如種族、宗教或國家。大多數人除了家庭外還長期屬於某一個社交群體，並在情感上依附於這個群體，比如德州人或者哈佛大學校友。許多人願意與自己的種族或宗教群體同生共死。許多人的熱情圍著一個球轉——棒球、籃球或足球，這一奇怪的事實似乎也源於同樣的社群本能。如果你看自己支持的球隊比賽時會激動，而看其他隊比賽則感覺沒那麼刺激，即便他們的表現更出色，那麼，你就是受到社群本能影響。如果令你最開心的是球賽的品質，而不是你所支持球隊的勝利，那麼，就意味著你將自己對球賽的熱愛從群體身份中解放出來了。然而，能做到這點的人很少。當美國媒體在報導奧運時，即便是其他人贏得了賽事，他們幾乎只報導美國運動員，而義大利人也只會報導義大利球員。團隊運動似乎並不只代表運動本身，而是為了滿足我們的社群本能。

為什麼會演化出這種社群本能呢？達爾文給了一個答案：

一個部族中有許多成員，他們擁有高度的集體主義精神、忠誠、服從、勇氣和同情心，他們永遠準備著相互幫助，或是為了共同利益而犧牲自己，這樣的部族能夠在與其他大多數部族競爭時獲勝。這就是自然的選擇。[4]

人類學研究表明，大多數傳統人類文化深受社會標準影響，他們支持對團體中所有人的忠誠和慷慨，這樣就能減少內部衝突，這與達爾文的觀點是一致的。[5]「一致」會通過尊重和合作而得到保障，而不尊重、嘲笑和退出合作的行為則會遭到懲罰。

在戰爭時期，毫不猶豫地為集體犧牲生命被譽為英雄主義。那些脫離了這一行為標準的人會受到他人的審查和懲罰，但這些標準往往是內在化的，不需要強制執行。

然而，社群本能並沒有消滅家族本能，兩者有時也會發生強烈的衝突。例如一個政客安排的親屬接替自己的位置甚至創造一個世襲職位，那麼他的家族本能會侵犯國家整體利益。戰爭是這兩種本能相互衝突的另一個場所。父母送孩子參軍時，他們的愛國主義和忠誠情感會與對孩子的責任感發生衝突。當有權勢的人將自己的家庭利益凌駕於國家利益之上，就會引發道德憤怒。比如，當有消息說，所有美國的參議員和眾議員中，只有一人的兒子參加了伊拉克戰爭。

群內認同與群外競爭是一體兩面。只有當相互競爭的社群有明顯差異，社群本能才有辦法運作。方言和膚色常用以劃分不同群體的界線，但更常出現的是象徵性的標誌，如制服、宗教物品和旗幟。人們用生命來保護宗教物品不被濫用，或旗幟不被佔領。似乎任何象徵都可以用來定義一個群體，即便它是任意創造的。社會心理學家亨利・泰弗爾（**Henri Tafel**）的「最小團體」（**minimal group**）實驗就說明了這一現象。波蘭猶太人出身的泰弗爾在大屠殺中幾乎失去了所有的親人和朋友，於是他對一些問題產生了長久的關注，比如群體身份如何形成、種族滅絕發生之因、如何結束在錯誤的時間加入錯誤群體的人的痛苦（例如猶太人在反猶太人的世界裡、外國人在一個恐懼外國人的國家、女人在性別歧視的文化中）。在實驗中，他將受試者隨機分組。不管被分在哪一組，受試者都會立刻開始善待「群內」成員、排斥「群外」成員。然而，一旦問受試者為什麼會這樣做，他們也說不出個所以然。如裂腦患者的事後解釋一樣，團體成員對自己的歧視行為也給出了合理的說法：群外成員多麼討厭、多麼不道德。這些實驗調查是在可控條件下進行的，這種現象也常發生在學校中：孩子們總是自發分組、站在同一陣線，不公正地對待那些不屬於同一群的人。

社群本能建立在互利主義的基礎之上。在《人類的起源》（*The Descent of Man*）一書中，達爾文得出了一個結論——互利主義是道德的基石。達爾文把「我給你什麼，你就得還我什麼」這種互利主義，認定為社會本能。交換的可以是物品和金錢，也可以是道德支持和反對。我們支持他人的信念、努力和價值觀，同時我們也會希望得到支持。社會契約就是基於信任和互利主義的結合。比如，根據「以牙還牙」策略，一開始我們應該先信任他人，然後，再以一報還一報的方式繼續互動（見第三章）。也就是說，我們必須先給他人一些好處，然後才能期待得到同樣的回報。相反地，從長遠看，盲目信任無法在一個社會中運作太久，因為會出現不勞而獲的騙子。因此，人類大腦中有一套自動保護機制，能夠及時識別受欺騙的情境，保護社會契約不被利用。[6]為了偵查和驅逐這些騙子，人類大腦就需要諸如人臉和聲音識別的能力，還需要情感設備，比如內疚、嘲笑、生氣和懲罰的感覺。

有利於家族的家族本能，和能幫助識別的社群本能，是道德和利他行為的兩種根源。這些基本的本能的運作，有賴特殊社會能力，諸如偵測騙子、信任他人的能力。接下來我們將詳細討論社會的黏合劑——信任。

信任

我們可以根據一個人面部表情中的線索，推斷他是否值得信任。在一九六〇年擊敗共和黨候選人理查·尼克森的民主選舉運動中，這些提示就得到了充分的利用。在選舉運動中，有人拿出一張尼克森的照片，照片上的尼克森嘴唇很薄，滿臉鬍渣，眼神黯淡。照片的標題寫著：「你會向這個男人買二手車嗎？」在現代民主政治中，信任有著很高的地位。除了先進的資訊技術產業、熱門的保險行業和紛繁的律法，很少有經濟交易或個人關係能在沒有進行信任檢測的前提下得到發展。

有人也許認為，信任是社交生活中的黏合劑，因為人們感嘆，只有在過去的美好日子中，才敢信賴別人。然而，文化史學家屋提．費偉（Ute Frevert）認為，當今社會人與人之間的信賴是遠超過從前的。[7]馬丁．路德（Martin Luther）提醒人們不要相互信任，應該要相信上帝。然而，在十九世紀，人們對上帝的信任減少了，對同類的信任卻多了——雖然只在某些群體之間。人們相互信任，丈夫信任妻子，家庭成員信任其他家庭成員；不過，未婚男女之間的信任就被視為應保留疑慮。工作結構的改變以及都市化進程，都在突顯信任的重要性：精細的分工迫使勞工必須學會相互信賴；湧進都市人數太多，戶政管理有其難度；快速的人口流動也是難題之一。原始社會對信任的需要相對較少：群體小，可隨時相互監督。你越能掌控和預測他人的行為，你對信任的需要就越少。

在不確定的技術領域相互合作，需要巨大的信任，並使之成為現代社群本能的命脈。我們將錢託付給銀行，門鈴響了就打開門，將信用卡號告訴陌生人。發現家中被盜，我們會生氣；可如果盜賊是我們的保姆，我們會同時感到憤怒和背叛。保姆的行為既給我們造成了物質傷害，也造成了心理傷害，這種傷害摧毀了信任。若沒有信任，人與人之間就沒有持續的大規模合作，交易也會變少，夫妻也不會和睦。為什麼會這樣呢？富蘭克林曾說過：「在這世界，除了死亡和稅收，沒有什麼是確定的。」在大型社會中，不確定性問題，應該交由信任、也必須由信任來解決。

透明度帶來信任感

前聯邦準備理事會主席艾倫．葛林斯潘（Alan Greenspan）曾說：「如果你認為我說得特別清楚，那麼，你一定誤解了我的意思。」他還有一個著名的回答：「我知道你認為自己明白了你所理解的我的意思，但我不確定你是否意識到你所聽到的並不是我想表達的。」[8]我們無法判斷葛林斯潘是說真心話，還是他那隱晦的言語（著名的「葛林斯潘體」）之下仍有所保留。被譽為「總體經濟魔法師」的葛林斯潘在離職後，沒人能繼續他的政策——他的所有隱性知識和專家預感似乎深埋在他的頭腦裡。

默文・金（Mervyn King）是英國央行的總裁，其地位相當於前聯邦準備理事會的主席。午餐時，他告訴我一個故事。他進入英國央行的時候，便問葛林斯潘的前任主席保羅・沃爾克（Paul Volcker）能否在新工作上給予指導。沃爾克的建議只有四個字：「保持神祕。」然而，金在面對大眾時，選擇了與之相反的方法：透明。央行在預估來年的通貨膨脹率時，不只是給出一個資料，比如一・二％，好像這就是一個無可爭議的事實。它還將委員會的討論在網路上公開，包括對某個估值的所有贊成和反對意見，這就讓每個人都能瞭解決策流程。此外，央行還明確說明這個預估並不是確定的，並指出不確定的範圍，比如，在〇・八％至一・五％之間。金採用這透明體系時，一些政治家感到很驚訝：「你是在說你不能準確預測嗎？」事實是，確定性才是一種假象。公開不確定的東西，有助於提醒決策者們解決即將到來的問題，從而阻止危機發生。十年內，透明政策就使央行成為英國最值得信任的機構。金離職時，每一個人都知道如何將他的政策繼續下去。用金的話說：「透明性並不只是提供確切的資料那麼簡單。它是經濟策略的一種方法，也幾乎是一種生活方式。」[9]

在一些國家，許多執政者可能會向公眾隱瞞各種不確定的跡象，並以「保護」公民為藉口，好像他們還是孩子。然而，公眾也不是傻子，他們能看清這個遊戲。於是，這些政治家造就了一種不信任的風氣，從而引發公眾對政治的不關心和冷漠。一項針對四十七個國家公民進行的蓋洛普民意調查指出，身為主要民意機關的議會和國會，是所有機構中最不受信任的，[10]就連跨國公司和工會得到的信任都比它們多。

神祕的政策和錯覺般的決策摧毀了公眾對各機構的信任和對法律的遵守。正如英國央行的例子表明，還有另一種可行的選擇：透明化制度，它既能創造信任，又能保障公民知的權力。

模仿

如果你曾讀過任何一本關於決策的書，你會被告知，人腦就是一個忙到停不下來的利弊分析師，它每天要做幾十甚至幾百個決定。我們乾脆問人們如何能避免不停地做決定，這樣不是更實在嗎？所有的大腦和機器都不應該自己做全部的決定，因為資訊和時間都是有限的。因此，向別人尋求意見是可行的，或者只需模仿他們的行為。許多美國人每天要換一次甚至兩次衣服，而大多數歐洲人要穿幾天才脫下來洗。不管他們對於乾淨的標準是什麼，這種行為是不需要每天早上做決定的，它只是模仿別人的結果。小時候，我們模仿父母吃東西和談吐方式；之後，我們模仿公眾人物或專業模特兒。當知識和時間有限時，模仿不僅是有益決策的捷徑，它還是保證文化資訊代代相傳的三大流程之一（其他兩種是教育和語言）。若沒有這些，每一個小孩都得從頭開始，透過個人經驗學習。許多動物就不會這種文化學習。即便在其他靈長類動物中，模仿和教授也是有限的，就連語言也只有最基本的形式。下面，我將區分兩種基本的模仿形式[11]：

模仿多數同儕的行為。
模仿成功人士的行為。

如果你覺得某個特立獨行的人令你欽佩，且模仿她的獨特之處，那麼你所模仿的就不屬於從眾。但是，如果你難以忍受她的行為，然後模仿多數朋友，你所追隨的便是多數人的行為方式。這個經驗法則形成的直覺，影響了我們的好惡判斷。假如我們的同儕都是滾石樂團的歌迷或騎哈雷機車的人，我們往往也會加入。模仿大眾的行為，這種做法滿足了社群本能，因為，加入某個群體能創造一致性，還能與其他團體區分開來。同樣，模仿成功的團體成員能提高將來在該群體中的地位，如果別人也這麼做，還能強化向心力。

兩種模仿形式本身沒有好壞之分。在技術發明和工業設計方面，模仿成功者是主要的策略。當其他試圖模仿信天翁和蝙蝠飛行的人失敗時，萊特兄弟成功遵循了這種模仿原則，他們的飛機就是模仿了奧特塔夫．夏尼特（Octave Chanute）的滑翔器。模仿是否成功也取決於環境的結構。適合採取模仿方式的環境特徵包括：

- 相對穩定的環境
- 缺少資訊回饋
- 錯誤決策可能造成嚴重後果

在穩定的環境中進行模仿是有好處的。子女如何經營父親留下的公司呢？當商業環境相對穩定時，給子女的建議就是模仿成功的父親，而不是冒著未知的風險採用新的政策。

資訊回饋較少的時候，模仿也是有效的。我們也常常無法判斷自己的選擇是否是最好的。嚴厲管教下的孩子道德水準更高，還是放養的孩子道德水準更高？靠經驗是不可能回答這個問題的。大多數家庭的孩子並不多，所以，撫養的成果要很久以後才能看到。即便到那時，父母也不知道，如果他們之前換一種方式教育，會出現怎樣的結果。有限回饋是單一事件的典型特徵（比如就讀哪所大學），以及對於那些只有在很久以後才能看到結果的重複事件（比如生活方式）。在這些情況中，模仿具有明顯效益，儘管個人學習本身有很大的局限性。

在可能產生嚴重後果的情況中，模仿也能發揮作用。只憑個人的經驗去瞭解森林中的果實哪些是有毒的，這很顯然是下策。此時，模仿能救你的命，儘管它可能造成誤報。我小的時候，有人鄭重地告訴我，吃過櫻桃後千萬不能喝水，不然就會生大病，甚至會死。我和所有人一樣，從小到大一直遵循這個教誨。沒有人問過其中的原因。一天，我和一位英國朋友一起吃櫻桃，他從沒聽過這個說法。當他伸手去拿水杯時，我試圖阻止他，救他的命，但他只是笑著喝了一小口水，什麼事也沒有，於是我不再相信那種說法。但是，我仍然不會反覆加熱蘑菇，只因為曾有人告訴我這樣做很危險。

那麼，什麼時候模仿是無用的呢？如之前提到的，當世界急速變化時，模仿就不如自主學習。再來看之前的例子，兒子繼承了父親的公司，模仿父親成功的經驗，在十年內賺了很多錢。可是，如果環境迅速變化，在全球化市場中，之前的獲勝策略就可能導致破產。總之，當變化緩慢時，模仿傳統的經驗往往能取得成功；當變化迅速時，模仿就可能失敗。

文化變遷

模仿是一種迅速掌握某種文化中的技能和價值觀，以及使文化演化繼續進行的方法。然而，如果大家都在模仿，那麼，就不可能發生變化。社會變遷似乎是心理因素和經濟及演化過程共同的產物。[12]

■ 不知規則反而能夠改變規則

引起社會變遷，有多種途徑，其中包括令人稱頌的英雄主義行為。一九五五年，在阿拉巴馬州的蒙哥馬利市，一位名叫羅莎．帕克斯（Rosa Parks）的黑人女子在車上拒絕將她的座位讓給白人男子，於是她因觸犯了種族隔離法而被逮捕。由年輕的馬丁．路德．金恩博士（Martin Luther King, Jr.）領導的黑人運動積極成員，聯合抵制大眾運輸系統持續了一年多，在那段時間內，金恩博士的家被炸毀了，家人面臨威脅，直到最後，他們終於實現了廢止大眾運輸系統種族歧視的目標。帕克斯堅決不讓座的決定，等於點燃了美國平權運動的火把，她擁有敢於挑戰法律的勇氣和捍衛理念的決心，這個激勵人心的例子正好說明心理因素如何促進社會變化。但有些改變看似更不可能。

我的一位好友是美國著名大學的教授，走過一段輝煌的事業歷程，她已接近退休。年輕時她被選為選美皇后，之後，她將時間和精力投注在學業上，並於一九五〇年代中期以優異的成績取得了學士學位。於是，她向指導教授表示想要朝學術界發展，並請教授寫推薦信給哈佛和耶魯大學。教授吃驚地看著她說：「親愛的，你是個女孩啊！不，我不會寫推薦信的。你太過聰明了，會搶了男人的飯碗。」我的朋友很震驚，差點哭了出來。她從沒意識到這點：之所以自己的教授都是男性，原因很簡單——女人不能進入這行。教授如此強硬地拒絕了她的請求後，她並沒有對這種不成文規定感到生氣，而是為自己的失禮感到深深愧疚。然而，她的情感反應和決心打動了其他教授，於是他們決定像對男學生一樣，幫她寫了推薦信。最終，她成為其所在學科的第一位女教授。她那天真的無知幫助她打開了事業之門，她也因此成為許多女性的楷模。我猜，她要是和其他女人一樣，多瞭解一點女性在學術界的地位，便連試都不敢試了。

無知的力量加速社會變化，在文學中是常見的情節。在華格納（Richard Wagner）《尼貝龍根指環》（*Der Ring Des Nibelungen*）中的眾多英雄之中，齊格飛（Siegfried）是最無知的。齊格飛從小無父無母。他是一個天真的英雄，行為衝動，就連那些奇遇也是偶然碰到，並非事先計畫。他的無知和無懼就是他最終打倒上帝法則的武器。華格納最後一部作品中的主角帕西法爾（Parsifal）和齊格飛很相似，他由母親獨自在森林裡撫養長大，開始尋找聖杯時，對外面的世界還一無所知。齊格飛、帕西法爾和其他類似角色的力量，就來自他們對社會法則的無知。就像我的好友年輕時一樣，這些天真的英雄似乎很魯莽、很幼稚，不尊重社會傳統。但對既有的社會結構無知並因此視若無睹，正是改變社會規則的有力武器。

英雄們的直覺反應是基於無知，但即便是基於錯誤的訊息，也能實現「我能成功！」這種直覺。找到去印度的西方航線是克里斯多福．哥倫布（Cristoforo Colombo）的夢想，他在實現這個夢想時也遇到不少資金方面的問題。當時的人認為他對到印度距離的計算是錯誤的，而他們才是正確的。儘管哥倫布知道地球是圓的，但他還是低估了它的半徑。最後，他湊足了資金出發，卻發現了另一個地方——美洲。他如果知道印度有這麼遠，可能就不會遠航了。要注意的是，哥倫布自己並不覺得這是新的發現，直到死的時候，他都以為自己發現的新大陸就是印度。

我們能有系統地利用無知的正面潛力嗎？比如，當我成為馬克斯普朗克中心主任時，我從前主任那「接收」了幾名員工。於是，立刻有好心人要告訴我這些員工的社交和專業缺點。我拒絕了。我並不是要知道員工的一切，而是要給他們改變的機會。造成辦公室氣氛緊張的並不只是個人，還有其工作的環境。既然我要創造一個新的環境，這些員工就有機會擺脫別人對他們的描述——這是一個所有員工都會利用的機會。

無知的力量很大，但它本身並不是某種價值觀。它能促進以上情形的社會變化，但還遠不足以成為通用的方法。我所論及的故事都有很大程度的不確定性和不可預測性，對於解決那些需要效率和專業知識的日常例行問題，無知成效甚微，這種情況下，專家才是值得依賴的對象，也才值得將效率當成目標。

■ 難堪

二〇〇三年，在英國懷特島，校車上的秩序非常糟。[13]孩子們在車上打架、對罵，甚至把座位丟出車窗外，讓司機不能專心看路。這些孩子的行為，是在將大家的生命置於危險中。司機並不想將這些搗蛋鬼丟在路上，但最終他不得不這樣做，甚至還打電話報警。即便這樣嚴厲的措施也沒什麼用，於是，懷特島的公共秩序管理員採用了一個簡單但很有效的措施。她將那些鬧事的孩子和同學分開，用一輛叫作「粉紅珍珠」的校車載他們。校車及顏色都是經過認真挑選的，那是一種最古老的交通工具，上面沒有暖氣，還漆著愛搗蛋的男孩們認為最不酷的顏色。那些不聽話的孩子們覺得，讓別人看見自己在這樣的車上很丟臉，他們或遮住臉，或躲在車窗下，不讓別人看見。結果，校車上打架的事件大大減少了。可見，使他們難堪比找員警更管用。

運用社會情緒進行威懾，比身體懲罰更加有效，這樣的方式並不是現代的發明。在中世紀的歐洲，許多罪犯被強制戴上恥辱面具，並將其罪行示眾。代表恥辱的長笛面具是為濫竽充數的音樂家準備的，豬頭面具則是為虐待女性的男人準備的，而羞恥的頭巾是為壞學生準備的。這種能引發罪犯心中的羞恥心（難堪、恥辱和負罪感）的外在環境，是消弭脫序行為的好方法，不管是出於何種原因。

嘲笑也是一種影響人們行為和信念的有效工具。在我爺爺居住的巴伐利亞小鎮，人們總是睡不著覺，不然就是被噩夢驚醒，然後不敢睡覺。這種普遍的痛苦來自一個可怕的傳說：一個像巫婆一樣的人，手腳上長著毛，名叫特魯德（Trud）。晚上睡覺的時候，她會重重地坐在你的胸口，讓你呼吸困難。她特別喜歡折磨孕婦和野鹿。在巴伐利亞和奧地利，有關人們遭受特魯德折磨，甚至被她悶死的民間故事多不勝數。就像其他民間故事一樣，特魯德存在的事實很難反駁，因為很多成人都見過她。認為她不存在的說法，根本站不住腳。

但這一切在第二次世界大戰期間發生了改變，那時，巴伐利亞的小鎮上到處都是士兵。他們駐紮在農舍裡，與農舍主人全家上下一起吃飯。用餐時，一些農民抱怨特魯德又坐在他們胸上，將他們壓醒。戰士們從沒聽說過特魯德的故事，於是開始笑他們。當地人堅持認為特魯德的故事是真的，士兵們則發出一陣大笑。被嘲笑了幾番後，當地人因害怕被嘲笑，就不再提特魯德的事了。可是，儘管他們不提，也還是相信特魯德真的存在，不過，因為他們不敢在公共場合提起，所以，在他們後人的記憶中，也不再有特魯德的影子了。如今，在巴伐利亞，很少人聽過特魯德的故事，即便做了噩夢，人們也會歸於其他原因。

■ 謠言能摧毀城牆

一九八九年十一月的一個夜晚，柏林圍牆倒下了。十一月九日，臨近半夜時分，幾千名東德人衝出第一道關卡，淩晨一點，所有的邊境都開放了。在那個難忘的晚上，柏林人們在布蘭登堡門前的城牆上跳舞，為東柏林人能進入西柏林而歡呼。人們手拿鮮花，眼中泛淚。沒有哪位政治家料到柏林圍牆會倒，即使事發前一天也無人預見。不知所措的東德總理垂頭喪氣地問：「是誰讓情況變得這麼糟？」西德總理高興地說：「不可能。簡直太不可能了。簡直太不可思議了！」[14]包括中情局和美國總統老布希在內，每一個人都很驚訝。

這堵牆將柏林分隔了近三十年。高五公尺，長四十五公里，由混凝土建成的柏林圍牆，橫跨在城市之間，牆上安裝鐵絲網，周圍還有警戒塔、地雷和特別警備設施。曾有一百多人為了翻過牆逃到西德而喪命，還有數千人因翻牆未遂而被逮捕。在一九八九年初，東德總理還聲稱這座牆在五十甚至一百年內都會屹立不搖。[15]對於東德來說，自由往來，看似一點希望都沒有。然而，自從匈牙利政府開放通往西方世界的邊境後，東德人借道匈牙利逃到西方世界的人數與日俱增，給予東德政府越來越大的壓力。當捷克也開放邊界後，有成千上萬的人通過這條捷徑湧入西德。每週一，成群結隊的東德人舉行遊行示威，爭取民主的公民基本權利：遷徙自由、言論自由和自由選舉。這是一種政治改革的現象，可是沒有人知道它是怎麼發生的。

十一月九日，東德政府做出反應，宣佈了一項有關出境的新指導方針，也只是比原來的限制稍微鬆了一點。公民首先得申請護照（大多數人都沒有護照），然後再辦簽證。這些申請工作一般需要幾個月時間，需要辦理很多繁瑣的文件，即便這樣，簽證也很有可能被拒絕。新方針也只是承諾加速這個過程。傍晚六點，新任東德中央委員會媒體政治部部長君特．沙博夫斯基（Günter

Schabowski）召開了長達一個小時的媒體會議，在會議的最後才提到了新方針。沙博夫斯基並未參加新指導方針的會議（會上討論了以上問題），他看起來面色憔悴、工作過度，支支吾吾地讀著明顯不熟悉的文件。那些知情、細心的與會者們意識到方針並沒有多大變化——還是以往的東德政治。一名義大利記者詢問新的法律什麼時候生效，沙博夫斯基似乎並不知情，他猶豫了一下，看著手中的文件說：「立即生效。」晚上七點，會議結束了。

儘管大多數記者並不感到興奮，可是，那名義大利記者衝了出去，不久，他所在的單位很快就發佈消息說「柏林圍牆倒了」。這篇報導曲解了沙博夫斯基的意思。同時，一位不懂德語的美國記者，誤以為記者會上發放的譯稿提及柏林圍牆即將開放，於是，美國國家廣播公司也報導說，從明早開始，東德人可以任意穿過柏林圍牆。晚上八點，西德電視新聞在很短的時間內用自己的語言總結了媒體會議，電視上還放著沙博夫斯基說「立即生效」的畫面，報導最後還加了一個標題「東德開放邊境」。其他新聞機構也一頭熱加入了這次討論，並錯誤地報導說，邊界已經開放了。西柏林附近的一家咖啡店的店員還和客人一起拿了香檳，來到邊界，與不明所以的守衛舉杯慶祝。守衛覺得這是一個冷笑話，於是拒絕了他們，並把他們送了回去。然而，這個謠言傳到了在波恩的西德國會成員耳裡，當時他們正在開會。他們被深深感動了，有的眼裡泛出了淚水，代表們站起來，唱起了德國國歌。正在看西德電視的東德人非常渴望融入新聞上報導的場景。一個極其遙遠的夢想似乎已經實現了。

先是幾千，後來變成幾萬名東德人跳進車裡，或是走路，來到各個邊界通道。憤怒的市民要求打開通道，守衛一開始拒絕了。可是，來勢洶洶的市民紛紛擠向他們，其中一個通道上的官員擔心自己的士兵被踩死，最終打開了關卡。很快，所有的通道都打開了。沒有開槍，也沒有流血。

這個奇蹟是如何發生的呢？西德多年的外交談判和財政補償都沒能成功。致使柏林圍牆突然倒塌的原因，原來是人們的一片癡心和隨之而來的、未經證實的謠言如野火般蔓延的結合體。發生這樣的事，政府和市民們一樣震驚，有計畫的暴動很容易就被坦克和士兵鎮壓，這樣的事一九五三年就曾發生過。人們的主觀願望之所以能夠蔓延，是因為，新的方針是匆匆拼湊起來的，沒有正規的出版社發行，於是記者們就照自己的猜測報導。然而，如果媒體和柏林的市民們看著沙博夫斯基的臉，仔細聽他說話，那麼，這晚便什麼事也不會發生，第二天柏林也還是那個一分為二的柏林。然而，柏林圍牆倒了以後，總理和沙博夫斯基迅速轉變觀點，並因打開了邊界而獲得好評。

謠言和一廂情願的主觀想法往往被認為是負面的，有意識的理性思考、有根據的推論一般會避開或者取代它們。然而，就像深思熟慮和談判一樣，它們也可以產生強大的正面作用。據說，一名西德政府高官在全程觀看新聞發佈會後，認為東德無意做出改變，於是就去睡了。他錯過了這個歷史性的夜晚，原因就在於他知道太多了。

在西方的思想中，直覺是以最確切的知識形式開始，最終卻被嘲笑成一種易變的、不可靠的人生指南。人們曾以為，天使和靈魂的直覺是透徹無比的——遠勝過人類的推斷，哲學家們說，是直覺讓我們「看見」數學和道德中那些清楚的真相。然而，在今天，人們卻對直覺和大腦之間的關聯視而不見，反而將直覺與情緒性的反應聯想在一起，使它從天使般崇高的知識聖殿，降至一般的感官地位。然而，直覺並非完美，也非愚蠢。如我之前所說，直覺善於利用大腦演化的能力，並奠基於讓我們快速、準確行動的經驗法則。直覺的品質在於無意識的智慧：不用思考，也能知道在什麼情況下該用什麼原則的能力。我們已經明瞭，直覺勝過了大多數複雜的推論和計算策略；我們也已知道，直覺何時會被誤用並讓我們誤入歧途，可是，我們不能迴避直覺，若沒有它，我們的能力將大為受限。

在本書中，我邀請你進入廣袤的直覺未知領地，它籠罩在不確定的迷霧中。對我來說，這是一場奇幻的旅程，直覺的力量，帶給我的驚訝以及迷霧消散時的驚喜。我希望你也熱衷於對無意識智慧的探索，你有許多理由去相信你的直覺！

致謝

過去七年來，我在馬克斯普朗克人類發展中心進行了許多研究，正是這些研究帶給我靈感，讓我動筆寫本書。本書講的是我們對於直覺的認識，這是一本兼具趣味性和可讀性的書，並不是學術文章。我將真實的案例和心理學觀點結合，期望能激勵讀者們認真地看待直覺，明白它們的來龍去脈。

感謝那麼多親愛的朋友和同事們來閱讀、評論它，並在寫作的各個階段給予幫助，他們是：彼得・艾頓（Peter Ayton）、盧卡斯・巴赫曼（Lucas Bachmann）、西蒙・巴倫科恩（Simon Baron-Cohen）、南森・伯格（Nathan Berg）、西恩・貝洛克（Sian Beilock）、亨利・布萊頓（Henry Brighton）、阿恩特・布羅德（Arndt Bröder）、海倫娜・克羅林（Helena Cronin）、烏維・克因科夫斯基（Uwe Czienkowski）、塞巴斯蒂安・克斯柯夫斯基（Sebastian

Czyzykowski）、洛林・達斯頓（Lorraine Daston）、曼迪普・哈密（Mandeep Dhami）、傑夫・艾爾曼（Jeff Elman）、厄休拉・夫利特勒（Ursula Flitner）、沃爾夫岡・蓋斯梅爾（Wolfgang Gaissmaier）、塔利婭・吉仁澤（Thalia Gigerenzer）、丹尼爾・古斯坦（Daniel Goldstein）、李・葛蘭（Lee Green）、達格瑪・古洛（Dagmar Gülow）、約拿森・海特（Jonathan Haidt）、彼得・漢默斯坦（Peter Hammerstein）、拉爾夫・赫特維希（Ralph Hertwig）、烏爾里希・霍夫瑞奇（Ulrich Hoffrage）、丹・霍蘭（Dan Horan）、約翰・哈欽森（John Hutchinson）、提姆・約翰遜（Tim Johnson）、君特・約里茲（Günther Jonitz）、康斯坦蒂諾斯・卡斯柯珀羅斯（Konstantinos Katsikopoulos）、莫妮卡・凱勒（Monika Keller）、默文・金（Mervyn King）、哈特穆特・克里門特（Hartmut Kliemt）、阿爾克・庫茲米爾克（Elke Kurz—Milcke）、朱利安・馬熱斯基（Julian Marewski）、勞拉・馬蒂格隆（Laura Martignon）、克雷格・麥肯齊（Craig McKenzie）、丹尼爾・蒙瑞史坦（Daniel Merenstein）、約翰・莫納罕（John Monahan）、韋布克・穆勒（Wiebke Möller）、安德里亞斯・奧特曼（Andreas Ortmann）、索斯滕・帕丘（Thorsten Pachur）、馬庫斯・拉布（Markus

Raab）、托斯坦・雷蒙（Torsten Reimer）、尤爾根・羅斯巴哈（Jürgen Rossbach）、厄娜・斯夫茲（Erna Schiwietz）、拉伊爾・斯古勒（Lael Schooler）、丹尼斯・謝弗（Dennis Shaffer）、瓊安・希爾克（Joan Silk）、保羅・斯尼德曼（Paul Sniderman）、正則麗子（Masanori Takezawa）、彼特・陶德（Peter Todd）、亞歷克斯・托多羅夫（Alex Todorov）和馬倫・沃爾（Maren Wöll）。

尤其感謝羅娜・盎勞（Rona Unrau）對書稿進行了編輯。此外，她還幫助我研究了幾個主題，讓本書的結論更為站得住腳。維京出版社的希拉蕊・雷德蒙（Hilary Redmon）、朱莉・巴爾巴托（Juli Barbato）和凱瑟琳・格里格斯（Katherine Griggs）也為本書的最後潤色提供了莫大幫助。還有我的妻子羅琳・達斯頓（Lorraine Daston）和女兒塔利婭・蓋格瑞澤（Thalia Gigerenzer），在我創作本書的四年裡，她們給予我知識和情感上的支持。馬克斯普朗克人類發展中心給予了我特別支援，本書受益於其傑出的資源和濃厚的知識氛圍。它對研究者來說無異於天堂。

註釋

第一部分　無意識的智慧

第1章　答案就在你心裡

1. 富蘭克林（Franklin, 1779）是啟蒙時代重要的科學家與政治家，他所提出的道德代數，是現代功利主義和理性決策理論的前身。根據他的倫理學觀點，無賴和酒鬼其實跟一般人一樣，只是因為道德代數計算錯誤而墮落。
2. Wilson et al., 1993. 同樣地，Halberstadt and Levine（1999）和Wilson and Schooler（1991）的實驗顯示，內省會降低決策品質。Zajonc（1980）和Wilson（2002）提供進一步證據顯示損益計算和直覺之間的衝突。威爾森曾提及一位社會心理學家就採用損益計算表列出利弊，來評估是否應至他校任教。這位心理學家計算到

一半驚呼：「天啊，越算越不對！應該想辦法幫另一邊加點分數才行。」（167）

3. Schwartz et al., 2002. 諾貝爾獎得主賀伯・賽門（Herbert A. Simon）將satisficing一詞引入學界。這個字源於英格蘭地區諾桑比亞（Northumbria），原意為「使人滿意」。

4. Goldstein and Gigerenzer, 2002. Heuristic源自希臘文，意即「以尋找或發現為職志」。史丹佛大學數學教授G. Polya（1954）說明捷思跟分析思考的不同。例如，捷思在發現數學證明時必不可少，分析思考則是檢測證明的必要步驟。Polya向賀伯・賽門介紹了捷思這個觀念，而我援引的是赫伯特的概念。Kahneman等人（1982）也獨立發展出類似觀點，認為人們習慣使用捷思做出判斷，用分析推理檢察判斷對錯。在本書中，我將捷思與經驗法則視為同義詞，這種思考方式只需要極少訊息就能解決問題。

5. Dawkins, 1989, 96.

6. Babler and Dannemiller, 1993; Saxberg, 1987; Todd, 1981.

7. McBeath et al., 1995; Shaffer et al., 2004.

8. McBeath et al., 2002; Shaffer and McBeath, 2005.

9. 水手都知道，假如另一艘船接近且方向不變，那麼兩艘船將會撞在一起。士兵被教導若遭受砲擊，用手指指著天空的砲彈，若砲彈不會相對著手指移動，最好立刻離開現在的位置。假如砲彈掉到手指以下，表示它將落到前方；若砲彈持續上升，則代表將落到後方。

10. Collett and Land, 1975; Lanchester and Mark, 1975.
11. Shaffer et al., 2004.
12. Dowd, 2003.
13. Horan, in press.
14. Lerner, 2006.
15. 蛋雞飼養者希望能快速辨識雞的性別，避免餵養到不會生蛋的公雞。日本人發現分辨雞的性別的方法前，需要等雛雞長到五至六個星期大時才能確認。目前專家已能根據細微的線索，以每小時約一千隻的速度來辨識雛雞性別。*The Specialist Chick Sexer*（1994）的作者R. D. Martin在其著作官網上引述某位專家的話：「這雞看起來沒什麼兩樣，但我知道它是公的……這就是直覺運作的狀況。」就像其他的內隱技巧（tacit skills），分辨雛雞性別也會讓人上癮。「如果我超過四天沒有幫小雞分辨性別，就會開始出現『戒斷症狀』。」請參見http://www.bernalpublishing.com/poultry/essays/essay12.shtml.

16. 不過，這種觀點仍不乏擁護者。即使是研究情緒智商時，還是有人認為可以透過詢問人們有關陳述性知識的問題來衡量，例如：「我知道我的情緒為何改變？」（參見Matthews, et al., 2004）。此觀點假設人們知道且願意告知其智力如何發揮作用。相反地，Nisbett and Wilson（1977）的回顧研究則顯示，人們往往無法藉由內省，得知隱藏在自己的判斷與感受背後的理由。內隱學習（implicit learning）的研究主題，就是在無意圖和無意識的情況下進行的學習行為。（Lieberman, 2000; Shanks, 2005）。

17. 相關類似定義，請參見Bruner, 1960, Haidt, 2001, and Simon, 1992.

18. 有關佛洛伊德的討論，請參見Jones, 1953, 327。關於認知錯覺的討論，請參見Kahneman et al., 1982。有關我對這些觀點的評論，請參見Gigerenzer, 1996, 2000, 2001。有關針對我的評論而來的回應，請參見Kahneman and Tversky, 1996, and Vranas, 2001。

19. 例如，葛拉威爾（Gladwell）的《決斷兩秒間》（*Blink*），就引用了我與其他研究者對人們做出快速判斷的方式所進行的研究。書中寫道：「只要靈機一動，他就知道事情的來龍去脈。但問題在於他說不出自己為什麼知道，這讓他感到非常沮喪。」

20. 說明必須為自己的選擇提出理由的女性受試者，為何比較不滿意自己所挑選的海報時，Wilson等人（1993, 332）寫道：「內省……會將最好的評估架構轉為次佳的架構。人們在分析原因時，也許會將注意力轉至之前不被看重，但卻看似應該被納入考量的物件。」Dijksterhuis and Nordgren（2006）和Levine等人（1996）也主張，產生直覺判斷的心理歷程，和富蘭克林的損益計算法與理性決策理論相符。

21. 這些研究包括：Ambady and Rosenthal, 1993, Cosmides and Tooby, 1992, Gazzaniga, 1998, Hogarth, 2001, Kahneman et al., 1982, Myers, 2002, Payne et al., 1993, Pinker, 1997, and Wegner, 2002.有關普朗克研究院所進行的相關研究介紹，請見Gigerenzer et al., 1999, Gigerenzer and Selten, 2001, Gigerenzer, 2004a, and Todd and Gigerenzer, 2003.

第2章　少即是多

1. 本段話引自Malkiel, 1985, 210.愛因斯坦認為，一個解釋的簡潔不但是真理的指標，也是科學所追求的目標之一。

2. Bursztajn et al., 1990.

3. Luria, 1968, 64.
4. Anderson and Schooler, 2000; Schacter, 2001; Schooler and Hertwig, 2005.
5. James, 1890/1981, 680.
6. 此人工神經網路無法理解許多文法概念，例如嵌入子句中的名詞—動詞型態對應。（Elman, 1993; see also Newport, 1990）.
7. 引自Clark, 1971, 10.
8. Huberman and Jiang, 2006.
9. DeMiguel et al., 2006.
10. Ortmann et al.（in press）；Barber and Odean, 2001.
11. 我們選用五百檔標準普爾和兩百九十八檔德國股票，並調常四組受訪者（芝加哥的路人、芝加哥大學商學院學生、慕尼黑路人、慕尼黑大學商學院學生）認得哪些股票（Borges et al., 1999）。我們並設計八組高辨識率投資組合（每組均有美國和德國股票），並以股市指數、共同基金、隨機投資組合，以及低辨識率投資組合為標準，在半年中比較這八種投資組合的表現。結果顯示，高辨視率投資組和表現不僅等同或超過隨機和低辨識率投資組合，其中六組還超過共同基金和股市指數。這些研究顯示，以集體名稱辨識為基礎的投資組合的表現，至少和金融專家、股市指數、共同基金一樣好，有時甚至更好。

12. Sherden, 1998, 107.舉例來說，一九六八至一九八三年間，市場指數的年度表現都比退休基金經理人好上千分之五。加上基金管理費後，退休基金的淨值每年約縮減一%。一九九五年，標準普爾指數大漲三十七%，共同基金只漲了三十%，而絕大多數的投資者（98%）都未能超越市場表現。參見Taleb, 2004.

13. Goode, 2001.

14. 心理學家George A. Miller（1956）提出此神奇數字。這個數字和Malhotra（1982）的結論一致。Malhotra認為，超過十個以上的選擇，會讓消費者無所適從。

15. Iyengar and Lepper, 2000.

16. http://www.forbes.com/lists/2003/02/26/billionaireland.html.

17. Lenton et al., 2006.

18. Beilock et al., 2004; Beilock et al., 2002.

19. Johnson and Raab, 2003.

20. Klein, 1998.

21. Wulf and Prinz, 2001.

22. 參見Carnap（1947）“Principle of total evidence”和Good（1967）“Total evidence

theorem”。兩篇論文均主張不可忽略資訊。根據Hogarth研究，簡單策略優於複雜策略；簡單的精算法優於精細的臨床判斷；簡單的時間序列法優於「理論上正確」的方法；等權或計數評估法通常優於「最佳」加權評估法，通過忽略部分資訊，通常能提升決策品質。Hogarth認為簡單策略在上述四種情況中預測複雜現象的表現，往往比複雜策略來得好，但人們經常忽略簡單策略的重要性，因為大多數的研究者傾向排斥簡單策略。關於「少即是多」法則的討論，請見Hertwig and Todd, 2003.

第3章　直覺如何快速決策

1. 本段引自Egidi and Marengo, 2004, 335. 英國數學家暨哲學家Whitehead曾和Bertrand Russell合著*Principia Mathematica.*
2. Darwin, 1859/1987, 168.
3. 這段話出自Jerome Bruner，但此觀點可追述至更久遠以前。心理學家Egon Brunswik和Hermann von Helmholtz在討論其他認知功能與無意識推論時都有提過。（參見Gigerenzer and Murray, 1987）.
4. von Helmholtz, 1856–66/1962.在一系列實驗裡，Kleffner and Ramachandran

（1992）分析人們如何根據陰影推論出形狀。Bargh（1989）針對自動心理歷程的特性有精彩討論。

5. Baron-Cohen, 1995. Tomasello（1988）指出，十八個月大的嬰兒已懂得以他人視線作為參考。
6. Baron-Cohen, 1995, 93.
7. 引自Sacks, 1995, 259, 270.
8. Rosander and Hofsten, 2002.
9. Barkow et al., 1992; Daly and Wilson, 1988; Pinker, 1997; Tooby and Cosmides, 1992.
10. Cacioppo et al., 2000.
11. 相關探討心靈與環境之間的關係的認知理論，參見Anderson and Schooler, 2000, Cosmides and Tooby, 1992, Fiedler and Juslin, 2006, and Gigerenzer, 2000.
12. Axelrod（1984）根據「囚犯的兩難」（prisoner's dilemma），設計出他所舉辦的賽局。

第4章　大腦的神奇演化

1. Hayek, 1988, 68.

2. Frey and Eichenberger, 1996.
3. Richerson and Boyd, 2005, 100.
4. Tomasello, 1996.
5. Cosmides and Tooby, 1992.
6. Hammerstein, 2003.
7. Freire et al., 2004; Baron-Cohen et al., 1997.
8. Blythe et al., 1999.
9. Turing, 1950, 439.哲學家Hilary Putnam（1960）以圖靈的觀點為前提，論證心靈和大腦的差異。Putnam認為，此差異能用於反駁將心靈簡化為大腦的主張。
10. Holland et al., 1986, 2.
11. Silk et al., 2005.
12. Thompson et al., 1997.
13. Cameron, 1999.
14. Takezawa et al., 2006.
15. Henrich et al., 2005.
16. Barnes, 1984, vol. 1, 948–49.

17. Cited in Schiebinger, 1989, 270–72. 關於達爾文的看法，參見Darwin, 1874, vol. 2, 316, 326–27.

18. Hall, 1904, 561.

19. 此研究是University of Hertfordshire的心理學家Richard Wiseman於二〇〇五年愛丁堡國際科學節（Edinburgh International Science Festival）期間所進行。參見BBC報導：http://news.bbc.co.uk/1/hi/uk/4436021.stm

20. Meyers-Levy, 1989.

第5章　世界如此混亂，不如簡單應對

1. Simon, 1990, 7.

2. Simon, 1969/1981, 65.

3. 算式如下：（0.8×0.8）+(0.2×0.2）=0.68.也就是說，老鼠選擇左轉以及在左邊找到食物的機率都是〇・八；選擇右轉以及在右邊找到食物的機率都是〇・二。

4. Gigerenzer, 2006.

5. Törngren and Montgomery, 2004.

6. Sherden, 1998, 7.

7. Bröder, 2003; Bröder and Schiffer, 2003; Rieskamp and Hoffrage, 1999.
8. Gigerenzer and Goldstein, 1996; Gigerenzer et al., 1999.
9. Czerlinski et al., 1999.
10. 旅行路線只包括五個城市時，可能的起點有五個，每個起點之後還有四個可能的第二站，依此類推，共有：5×4×3×2×1條可能的路線。因此，假如旅行路線有n個城市，可能的路線便有n!條。不過，有些路線的距離也許一樣長，例如："a, b, c, d, e, a"和"b, c, d, e, a, b"的距離可能正好一樣。旅行路線只有五個城市時，代表有五個起點的路線距離相同，且這些路線有兩個方向。因此，我們必須將所有可能的路線除以5x2，最後才能得出4x3=12條距離不同的路線。假如旅行路線有n個城市，那距離不同的路線便有n!/2n＝（n-1）!/2.（Michalewicz and Fogel, 2000, 14）.
11. Rapoport, 2003.
12. Michalewicz and Fogel, 2000.

第6章　為什麼好的直覺沒有邏輯

1. Cartwright, 1999, 1.

2. Tversky and Kahneman, 1982, 98.
3. Gould, 1992, 469.
4. The linguist Paul Grice, 1989, has studied these conversational rules of thumb.
5. Hertwig and Gigerenzer, 1999.
6. Edwards et al., 2001.
7. Kahneman and Tversky, 1984/2000, 5, 10.
8. Sher and McKenzie, 2006; McKenzie and Nelson, 2003.
9. Feynman, 1967, 53.
10. Selten, 1978, 132–33.
11. Wundt, 1912/1973. 有關人工智慧的討論，請見Copeland, 2004.
12. Gruber and Vonèche, 1977, xxxiv–xxxix.

第二部分　無意識的行為

第7章　信專家不如信自己

1. 有些人認為這些差異並未反映不同的心理歷程，因為辨識只是比較簡單的回想。（Anderson et al., 1998）.
2. Dawkins, 1989, 102.
3. Standing, 1973.
4. Warrington and McCarthy, 1988; Schacter and Tulving, 1994.
5. Pachur and Hertwig, 2006. 有關二〇〇三年溫布頓網球錦標賽男子單打賽事的辨識效度，參見Serwe and Frings, 2006。
6. Ayton and Önkal, 2005.
7. Serwe and Frings, 2006. 本研究的預測樣本為總共一百二十七場比賽中的九十六場。
8. Hoffrage, 1995. 也可參見Gigerenzer, 1993.

9. 此數字即為知識效度（knowledge validity），指的是答題者認得問題裡的兩個選項時，正確回答的比例。辨識效度（recognition validity），指的是當答題者只認得一個選項，並使用辨識捷思時，正確回答的比例。（Goldstein and Gigerenzer, 2002）.
10. Goldstein and Gigerenzer, 2002.
11. Goldstein and Gigerenzer, 2002.
12. Schooler and Hertwig, 2005.
13. Gigone and Hastie, 1997.
14. Reimer and Katsikopoulos, 2004.
15. Toscani, 1997.
16. Hoyer and Brown, 1990.
17. Allison and Uhl, 1964.
18. Oppenheimer, 2003. 也可參見Pohl, 2006.
19. Volz et al., 2006. 研究發現，受試者在使用辨識捷思後做出判斷的比例為八十四%，和較早之前的實驗結果一致。此外，當受試者只認得問題中的一個城市時，回答正確率比認得兩個城市時更高。

20. 引自與拉圖的訪談（Peitz, 2003）.

第 8 章　好的理由，一個就夠了

1. 關於人們常常只依賴一個或少數幾個理由的實驗證據，請見Shepard, 1967, Ford et al., 1989, Shanteau, 1992, Bröder, 2003, Bröder and Schiffer, 2003, and Rieskamp and Hoffrage, 1999.
2. Schlosser, 2002, 50.
3. Dawkins, 1989, 158–61.
4. Cronin, 1991.
5. Gadagkar, 2003.
6. Grafen（1990）指出，累贅原理有助誠實訊號（honest signals）的演化，也能協助性擇的過程。
7. Petrie and Halliday, 1994.
8. See Sniderman and Theriault, 2004.
9. Menard, 2004.
10. Cited in Neuman, 1986, 174.

11. Also cited in Neuman, 1986, 132.
12. Sniderman, 2000.
13. 項鍊捷思是Coombs（1964）所提出的開展理論（unfolding theory）和鄰近投票模式（concept of proximity voting）的實例。
14. Gigerenzer, 1982.
15. Neuman, 1986.
16. Sniderman et al., 1991, 94.
17. Scott, 2002.
18. Bröder, 2000, 2003; Bröder and Schiffer, 2003; Newell et al., 2003.
19. Keeney and Raiffa, 1993.
20. Tversky and Kahneman, 1982.
21. Todorov, 2003.貝氏定理由托瑪士・貝斯（Thomas Baqes）發明。
22. Gröschner and Raab, 2006.研究人員請二〇八位專家和一般人預測哪支球隊會拿下二〇〇二年世界盃足球賽冠軍，研究結果顯示，一般人預測準確率是專家的兩倍。
23. 我們的研究範圍擴及二十個有關心理學、經濟學、生物學、生物學、社會學、健康醫療，以及其他領域裡的實際問題。

24. 本段依據下列各項研究報告結果綜合而得：Gigerenzer, Todd, et al., 1999, Katsikopoulos and Martignon, 2006, Martignon and Hoffrage, 2002, Hogarth and Karelaia, 2005a, b, 2006.

25. 有關這些例子可參考Hutchinson and Gigerenzer, 2005.

26. 古羅馬曆法原本只有十個月，以三月（Martius）為一年之始。這十個月的名稱分別是Martius、Aprilis、Maius、Junius、Quintilis、Sextilis、September、October、November及December，最後的六個字是表示五至十的拉丁文。一月（Januarius）和二月（Februarius）是後來才加進來，並由凱撒大帝（Julius Caesar）將一月改為每年的第一個月。為了紀念凱撒大帝，後人將Quintilis改為Julius，而Sextilis也被改為Augustus，以紀念奧古斯都大帝（Caesar Augustus）（參見Ifrah, 2000, 7）。

第9章　簡潔能救命，複雜能致命

1. Naylor, 2001.
2. Berg, Biele, and Gigerenzer, 2007.
3. Merenstein, 2004.

4. Ransohoff et al., 2002.
5. U.S. Preventive Services Task Force, 2002b.
6. Lapp, 2005.
7. Etzioni et al., 2002.
8. Schwartz et al., 2004.
9. U.S. Food and Drug Administration; 請見Schwartz et al., 2004.
10. Lee and Brennan, 2002.
11. Gigerenzer, 2002, 93.
12. Domenighetti et al., 1993.
13. Deveugele et al., 2002; Langewitz, et al. 2002.
14. Kaiser et al., 2004.
15. Wennberg and Wennberg, 1999.
16. Wennberg and Wennberg, 1999, 4.
17. Elwyn et al., 2001.
18. See the reader by Dowie and Elstein, 1988.
19. Elwyn et al., 2001.

20. Pozen et al., 1984.
21. See Green and Yates, 1995.
22. Green and Mehr, 1997.
23. Corey and Merenstein, 1987; Pearson et al., 1994.
24. 詳見Martignon et al., 2003.
25. 使用心臟疾病預測表時，醫生會先替病人算出一串數字，再將這些數字與每個標準值比較。若數字高於標準值，便將病人送進加護病房。標準值可高一點或低一點，假如標準值設得較高，被送入加護病房的病人就會減少，但疏漏的機率將會增加。圖9-3左側的正方形圖示，與這種情況吻合。假如標準值設得越低，被送入加護病房的病人就會增加，但誤報的比例也會提高，正如右側的正方形圖示所示。
26. 另一個於密西根州其他兩間醫院進行的研究，簡明樹狀圖的表現也優於急性缺血性心臟病時間排除預測表（Acute Coronary Ischemic Time-Insensitive Predictive Instrument，簡稱ACI-TIPI，是心臟疾病預測表的改良版）（Green, 1996）.

第10章　道德行為不能推論

1. Browning, 1998, xvii.
2. Browning, 1998, 71.
3. Johnson and Goldstein, 2003.這些數字指的是潛在合法器官捐贈者的比例，而非實際捐贈器官者的比例。實際捐贈器官者的比例高低，取決於捐贈者和受捐贈者的配對程序是否完備，以及醫療人員的訓練是否完善。
4. Johnson and Goldstein, 2003.
5. Johnson et al., 1993.
6. Haidt and Graham根據Shweder等人（1997）的研究，發展出五種道德能力學說。
7. Kohlberg et al., 1983, 75.
8. Haidt, 2001.
9. Harrison, 1967, 72.
10. Haidt, 2001, 814. 也可參見Nisbett and Wilson, 1977, and Tetlock, 2003.
11. Laland, 2001.
12. Terkel, 1997, 164.

13. The Bail Act 1976，及後續修正版本。Dhami and Ayton, 2001.
14. Dhami and Ayton, 2001, 163.
15. Dhami, 2003.
16. Dhami and Ayton, 2001.
17. Gazzaniga, 1985.
18. 關於結果主義有許多不同的版本，請見Williams, 1973和Downie, 1991.
19. Daston, 1988.
20. Bentham, 1789/1907.
21. Dennett, 1988.
22. Sunstein, 2005; Viscusi, 2000.

第11章　無知者無畏

1. Humphrey, 1976/1988, 19.
2. Richerson and Boyd, 2005.
3. Cronin, 1991.
4. Darwin, 1874, 178–79.

5. Sober and Wilson, 1998.
6. 參見Cosmides and Tooby, 1992; Gigerenzer and Hug, 1992.
7. Frevert, 2003.
8. Resche, 2004, 723, 741.
9. Mervyn King, "Reforming the international financial system: The middle way." Speech delivered to a session of the money marketers at the Federal Reserve Bank of New York, September 9, 1999. http://www.bankofengland.co.uk/publications/news/1999/070.htm.
10. Gallup International, 2002.
11. Richerson and Boyd, 2005.
12. For an evolutionary theory of social change, see Boyd and Richerson, 2005.
13. Lightfoot, 2003.
14. Hertle, 1996, 7, 245. The following account is based on Hertle's research.
15. Hertle and Stephan, 1997, 42.

參考資料

Allison, R. I., and K. P. Uhl. 1964. Influence of beer brand identification on taste perception. *Journal of Marketing Research* 1: 36–39.

Ambady, N., and R. Rosenthal. 1993. Half a minute: Predicting teacher evaluations from thin slices of nonverbal behavior and physical attractiveness. *Journal of Personality and Social Psychology* 64: 431–41.

Anderson, J. R., D. Bothell, C. Lebiere, and M. Matessa. 1998. An integrated theory of list memory. *Journal of Memory and Language* 38: 341–80.

Anderson, J. R., and L. J. Schooler. 2000. The adaptive nature of memory. In *Handbook of Memory,* ed. E. Tulving and F. I. M. Craik, 557–70. New York: Oxford University Press.

Andersson, P., J. Edman, and M. Ekman. 2005. Predicting the World Cup 2002: Performance and confidence of experts and non-experts. *International Journal of Forecasting* 21: 565–76.

Axelrod, R. 1984. *The Evolution of Cooperation*. New York: Basic Books.

Ayton, P., and D. Önkal. 2005. Effects of ignorance and information on judgments and decisions. Unpublished manuscript.

Babler, T. G., and J. L. Dannemiller. 1993. Role of image acceleration in judging landing location of free-falling projectiles. *Journal of Experimental Psychology: Human Perception and Performance* 19: 15–31.

Barber, B., and T. Odean. 2001. Boys will be boys: Gender, overconfidence, and common stock investment. *Quarterly Journal of Ecomomics* 116: 261–92.

Bargh, J. A. 1989. Conditional automaticity: Varieties of automatic influence in social perception and cognition. In *Unintended Thought,* ed. J. S. Uleman and J. A. Bargh, 3–51. New York: Guilford Press.

Barkow, J. H., L. Cosmides, and J. Tooby, eds. 1992. *The Adapted Mind: Evolutionary Psychology and the Generation of Culture*. New York: Oxford University Press.

Barnes, J., ed. 1984. *The Complete Works of Aristotle*. Princeton, NJ: Princeton University Press.

Baron-Cohen, S. 1995. *Mindblindness: An Essay on Autism and Theory of Mind*. Cambridge, MA: MIT Press.

Baron-Cohen, S., D. Baldwin, and M. Crowson. 1997. Do children with autism use the Speaker's Direction of Gaze (SDG) strategy to crack the code of language? *Child Development* 68: 48–57.

Beilock, S. L., B. I. Bertenthal, A. M. McCoy, and T. H. Carr. 2004. Haste does not always make waste: Expertise, direction of attention, and speed versus accuracy in performing sensorimotor skills. *Psychonomic Bulletin and Review* 11: 373–79.

Beilock, S. L., T. H. Carr, C. MacMahon, and J. L. Starkes. 2002. When paying attention becomes counterproductive: Impact of divided versus skill-focused attention on novice and experienced performance of sensorimotor skills. *Journal of Experimental Psychology: Applied* 8: 6–16.

Bentham, J. 1789. *An Introduction to the Principles of Morals and Legislation*. Oxford, UK: Clarendon Press, 1907.

Berg, N., G. Biele, and G. Gigerenzer. 2007. Logical consistency and accuracy of beliefs: survey evidence on health decision-making among economists. Unpublished manuscript.

Bloomfield, T., R. Leftwich, and J. Long. 1977. Portfolio strategies and performance. *Journal of Financial Economics* 5: 201–18.

Blythe, P. W., P. M. Todd, and G. E. Miller. 1999. How motion reveals intention: Categorizing social interactions. In G. Gigerenzer, P. M. Todd, and the ABC Research Group, *Simple Heuristics That Make Us Smart*, 257–85. New York: Oxford University Press.

Borges, B., D. G. Goldstein, A. Ortmann, and G. Gigerenzer. 1999. Can ignorance beat the stock market? In G. Gigerenzer, P. M. Todd, and the ABC Research Group, *Simple Heuristics That Make Us Smart*, 59–72. New York: Oxford University Press.

Boyd, M. 2001. On ignorance, intuition and investing: A bear market test of the recognition heuristic. *Journal of Psychology and Financial Markets* 2: 150–56.

Boyd, R., and P. J. Richerson. 2005. *The Origin and Evolution of Cultures*. New York: Oxford University Press.

Brighton, H. 2006. Robust inference with simple cognitive models. In *Between a Rock and a Hard Place: Cognitive Science Principles Meet AI-Hard Problems*, 17–22. Papers from the AAAI Spring Syposium (AAAI Technical Report SS-06-03), ed. C. Lebiere and B. Wray. Menlo Park, CA: AAAI Press.

Bröder, A. 2000. Assessing the empirical validity of the "Take-the-Best" heuristic as a model of human probabilistic inference. *Journal of Experimental Psychology: Learning, Memory, and Cognition* 26: 1332–46.

———. 2003. Decision making with the "adaptive toolbox": Influence of environmental structure, intelligence, and working memory load. *Journal of Experimental Psychology* 29: 611–25.

Bröder, A., and S. Schiffer. 2003. Bayesian strategy assessment in multi-attribute decision making. *Journal of Behavioral Decision Making* 16: 193–213.

Browning, C. R. 1998. *Ordinary Men: Reserve Police Battalion 101 and the Final Solution in Poland*. 2nd ed. New York: HarperCollins.

Bruner, J. 1960. *The Process of Education*. Cambridge, MA: Harvard University Press.

Brunswik, E. 1939. Probability as a determiner of rat behavior. *Journal of Experimental Psychology* 25: 175–97.

Bunker, J. P., and B. W. Brown. 1974. The physician-patient as an informed consumer of surgical services. *New England Journal of Medicine* 290: 1051–55.

Bursztajn, H., R. I. Feinbloom, R. M. Hamm, and A. Brodsky. 1990. *Medical Choices, Medical Chances: How Patients, Families, and Physicians Can Cope with Uncertainty*. New York: Routledge, Chapman, & Hall.

Cacioppo, J. T., G. G. Berntson, J. F. Sheridan, and M. K. McClintock. 2000. Multilevel integrative analyses of human behavior: Social neuroscience and the complementing nature of social and biological approaches. *Psychological Bulletin* 126: 829–43.

Cameron, L. A. 1999. Raising the stakes in the Ultimatum Game: Experimental evidence from Indonesia. *Economic Inquiry* 37: 47–59.

Carnap, R. 1947. On the application of inductive logic. *Philosophy and Phenomenological Research* 8: 133–48.

Cartwright, N. 1999. *The Dappled World: A Study of the Boundaries of Science*. Cambridge, UK: Cambridge University Press.

Chater, N., M. Oaksford, R. Nakisa, and M. Redington. 2003. Fast, frugal, and rational: How rational norms explain behavior. *Organizational Behavior and Human Decision Processes* 90: 63–86.

Clark, R. W. 1971. *Einstein: The Life and Times*. New York: The World Publishing Co.

Collett, T. S., and M. F. Land. 1975. Visual control of flight behavior in the hoverfly, Syritta pipiens L. *Journal of Comparative Physiology* 99: 1–66.

Coombs, C. H. 1964. *A Theory of Data*. New York: Wiley.

Copeland, B. J., ed. 2004. *The Essential Turing: Seminal Writings in Computing, Logic, Philosophy, Artificial Intelligence, and Artificial Life, Plus the Secrets of Enigma*. Oxford, UK: Oxford University Press.

Corey, G. A., and J. H. Merenstein. 1987. Applying the acute ischemic heart disease predictive instrument. *Journal of Family Practice* 25: 127–33.

Cosmides, L., and J. Tooby. 1992. Cognitive adaptations for social exchange. In *The Adapted Mind: Evolutionary Psychology and the Generation of Culture,* ed. J. H. Barkow, L. Cosmides, and J. Tooby, 163–228. New York: Oxford University Press.

Cronin, H. 1991. *The Ant and the Peacock: Altruism and Sexual Selection from Darwin to Today*. Cambridge, UK: Cambridge University Press.

Czerlinski, J., G. Gigerenzer, and D. G. Goldstein. 1999. How good are simple heuristics? In G. Gigerenzer, P. M. Todd, and the ABC Reseach Group, *Simple Heuristics That Make Us Smart,* 97–118. New York: Oxford University Press.

Daly, M., and M. Wilson. 1988. *Homicide*. New York: Aldine de Gruyter.

Damasio, A. 1994. *Descartes' Error.* New York: Putnam.

Darwin, C. 1859. *On the Origin of Species.* New York: New York University Press, 1987.

———. 1874. *The Descent of Man, and Selection in Relation to Sex.* 2nd ed. New York: American Home Library.

Daston, L. J. 1988. *Classical Probability in the Enlightenment.* Princeton, NJ: Princeton University Press.

———. 1992. The naturalized female intellect. *Science in Context* 5: 209–35.

Dawes, R. M. 1979. The robust beauty of improper linear models in decision making. *American Psychologist* 34: 571–82.

Dawkins, R. 1989. *The Selfish Gene*. 2nd ed. Oxford, UK: Oxford University Press.

Delahaye, J. P., and P. Mathieu. 1998. Altruismus mit Kündigungsmöglichkeit. *Spektrum der Wissenschaft* (February): 8–14.

DeMiguel, V., L. Garlappi, and R. Uppal. 2006. 1/*N*. Unpublished manuscript.

Dennett, D. C. 1988. The moral first aid manual. In *The Tanner Lectures on*

Human Values. Vol. 8. Ed. S. M. McMurrin, 119–47. Salt Lake City, UT: University of Utah.

Deveugele, M., A. Derese, A. van den Brink-Muinen, J. Bensing, and J. De Maeseneer. 2002. Consultation length in general practice: Cross-sectional study in six European countries. *British Medical Journal* 325: 472–77.

Dhami, M. K. 2003. Psychological models of professional decision-making. *Psychological Science* 14: 175–80.

Dhami, M. K., and P. Ayton. 2001. Bailing and jailing the fast and frugal way. *Journal of Behavioral Decision Making* 14: 141–68.

Dijksterhuis, A., and L. F. Nordgren. 2006. A theory of unconscious thought. *Perspectives on Psychological Science* 1: 95–109.

Domenighetti, G., A. Casabianca, F. Gutzwiller, and S. Martinoli. 1993. Revisiting the most informed consumer of surgical services: The physician-patient. *International Journal of Technology Assessment in Health Care* 9: 505–13.

Dowd, M. 2003. Blanket of dread. *New York Times*, July 30.

Dowie, J., and A. S. Elstein, eds. 1988. *Professional Judgment. A Reader in Clinical Decision Making*. Cambridge, UK: Cambridge University Press.

Downie, R. S. 1991. Moral philosophy. In *The New Palgrave: A Dictionary of Economics*. Vol. 3. Ed. J. Eatwell, M. Milgate, and P. Newman, 551–56. London: Macmillan.

Edwards, W. 1968. Conservatism in human information processing. In *Formal Representation of Human Judgment*, ed. B. Kleinmuntz, 17–52. New York: Wiley.

Edwards, A., G. J. Elwyn, J. Covey, E. Mathews, and R. Pill. 2001. Presenting risk information—A review of the effects of "framing" and other manipulations on patient outcomes. *Journal of Health Communication* 6: 61–82.

Egidi, M., and L. Marengo. 2004. Near-decomposability, organization, and evolution: Some notes on Herbert Simon's contribution. In *Models of a Man: Essays in Memory of Herbert A. Simon*, ed. M. Augier and J. J. March, 335–50. Cambridge, MA: MIT Press.

Einstein, A. 1933. *On the Method of Theoretical Physics*. Oxford: Clarendon Press.

Elman, J. L. 1993. Learning and development in neural networks: The importance of starting small. *Cognition* 48: 71–99.

Elwyn, G. J., A. Edwards, M. Eccles, and D. Rovner. 2001. Decision analysis in patient care. *The Lancet* 358: 571–74.

Etzioni, R., D. F. Penson, J. M. Legler, D. di Tommaso, R. Boer, P. H. Gann, et al. 2002. Overdiagnosis due to prostate-specific antigen screening:

Lessons from U.S. prostate cancer incidence trends. *Journal of the National Cancer Institute* 94: 981–90.

Feynman, R. P. 1967. *The Character of Physical Law*. Cambridge, MA: MIT Press.

Fiedler, K. 1988. The dependence of the conjunction fallacy on subtle linguistic factors. *Psychological Research* 50: 123–29.

Fiedler, K., and P. Juslin, eds. 2006. *Information Sampling and Adaptive Cognition*. New York: Cambridge University Press.

Ford, J. K., N. Schmitt, S. L. Schechtman, B. H. Hults, and M. L. Doherty. 1989. Process tracing methods: Contributions, problems, and neglected research questions. *Organizational Behavior and Human Decision Processes* 43: 75–117.

Franklin, B. 1907. Letter to Jonathan Williams (Passy, April 8, 1779). In *The Writings of Benjamin Franklin*. Vol. 7. Ed. A. H. Smyth, 281–82. New York: Macmillan.

Freire, A., M. Eskritt, and K. Lee. 2004. Are eyes windows to a deceiver's soul? Children's use of another's eye gaze cues in a deceptive situation. *Developmental Psychology* 40: 1093–1104.

Frevert, U., ed. 2003. *Vertrauen. Historische Annäherungen*. Göttingen: Vandenhoeck & Ruprecht.

Frey, B. S., and R. Eichenberger. 1996. Marriage paradoxes. *Rationality and Society* 8: 187–206.

Frings, C., H. Holling, and S. Serwe. 2003. Anwendung der Recognition Heuristic auf den Aktienmarkt—Ignorance cannot beat the Nemax50. *Wirtschaftspsychologie* 4: 31–38.

Gadagkar, R. 2003. Is the peacock merely beautiful or also honest? *Current Science* 85: 1012–20.

Gallistel, C. R. 1990. *The Organization of Learning*. Cambridge, MA: MIT Press.

Gallup International. 2002. *Trust Will Be the Challenge of 2003*. Press release, November 8, 2002. http://www.voice-of-the-people.net.

Gazzaniga, M. S. 1985. *The Social Brain: Discovering the Networks of the Mind*. New York: Basic Books.

———. 1998. *The Mind's Past*. Berkeley, CA: University of California Press.

Gigerenzer, G. 1982. Der eindimensionale Wähler. *Zeitschrift für Sozialpsychologie* 13: 217–36.

———. 1993. The bounded rationality of probabilistic mental models. In *Rationality: Psychological and Philosophical Perspectives*, ed. K. I. Manktelow and D. E. Over, 284–313. London: Routledge.

———. 1996. On narrow norms and vague heuristics: A reply to Kahneman and Tversky. *Psychological Review* 103: 592–96.

———. 2000. *Adaptive Thinking: Rationality in the Real World*. New York: Oxford University Press.

———. 2001. Content-blind norms, no norms, or good norms? A reply to Vranas. *Cognition* 81: 93–103.

———. 2002. *Calculated Risks: How to Know When Numbers Deceive You*. New York: Simon & Schuster. (Published in UK as *Reckoning with Risk*, Penguin, 2002).

———. 2004a. Fast and frugal heuristics: The tools of bounded rationality. In *Blackwell Handbook of Judgment and Decision Making*, ed. D. Koehler and N. Harvey, 62–88. Oxford, UK: Blackwell.

———. 2004b. Striking a blow for sanity in theories of rationality. In *Models of a Man: Essays in Honor of Herbert A. Simon*, ed. M. Augier and J. G. March 389–409. Cambridge, MA: MIT Press.

———. 2006. Follow the leader. *Harvard Business Review* (February): 18.

———. Forthcoming. Moral intuition = Fast and frugal heuristics? In *The Cognitive Science of Morality*, ed. W. Sinnott-Armstrong.

Gigerenzer, G., and D. G. Goldstein. 1996. Reasoning the fast and frugal way: Models of bounded rationality. *Psychological Review* 103: 650–69.

———. 1999. Betting on one good reason: The Take the Best heuristic. In G. Gigerenzer, P. M. Todd, and the ABC Research Group, *Simple Heuristics That Make Us Smart*, 75–95. New York: Oxford University Press.

Gigerenzer, G., U. Hoffrage, and H. Kleinbölting. 1991. Probabilistic mental models: A Brunswikian theory of confidence. *Psychological Review* 98: 506–28.

Gigerenzer, G., and K. Hug. 1992. Domain-specific reasoning: Social contracts, cheating, and perspective change. *Cognition* 43: 127–71.

Gigerenzer, G., and D. J. Murray. 1987. *Cognition as Intuitive Statistics*. Hillsdale, NJ: Erlbaum.

Gigerenzer, G., and R. Selten, eds. 2001. *Bounded Rationality: The Adaptive Toolbox*. Cambridge, MA: MIT Press.

Gigerenzer, G., P. M. Todd, and the ABC Research Group. 1999. *Simple Heuristics That Make Us Smart*. New York: Oxford University Press.

Gigone, D., and R. Hastie. 1997. The impact of information on small group choice. *Journal of Personality and Social Psychology* 72: 132–40.

Gladwell, M. 2005. *Blink: The Power of Thinking Without Thinking*. New York: Little, Brown.

Goldstein, D. G., and G. Gigerenzer. 2002. Models of ecological rationality: The recognition heuristic. *Psychological Review* 109: 75–90.

Good, I. J. 1967. On the principle of total evidence. *British Journal for the Philosophy of Science* 17: 319–21.

Goode, E. 2001. In weird math of choices, 6 choices can beat 600. *New York Times,* January 9.

Gould, S. J. 1992. *Bully for Brontosaurus: Further Reflections in Natural History.* New York: Penguin Books.

Grafen, A. 1990. Biological signals as handicaps. *Journal of Theoretical Biology* 144: 517–46.

Green, L. A. 1996. Can good enough be as good as the best? Comparative performance of satisficing and optimal decision strategies in chest pain diagnosis. Paper presented at the Society for Medical Decision Making annual meeting, Toronto.

Green, L. A., and D. R. Mehr. 1997. What alters physicians' decisions to admit to the coronary care unit? *The Journal of Family Practice* 45: 219–26.

Green, L. A., and J. F. Yates. 1995. Influence of pseudodiagnostic information on the evaluation of ischemic heart disease. *Annual of Emergency Medicine* 25: 451–57.

Grice, H. P. 1989. *Studies in the Way of Words*. Cambridge, MA: Harvard University Press.

Gröschner, C., and M. Raab. 2006. Vorhersagen im Fussball. Deskriptive und normative Aspekte von Vorhersagemodellen im Sport. *Zeitschrift für Sportpsychologie* 13: 23–36.

Gruber, H. E., and J. J. Vonèche. 1977. *The Essential Piaget*. New York: Basic Books.

Haidt, J. 2001. The emotional dog and its rational tail: A social intuitionist approach to moral judgment. *Psychological Review* 108: 814–34.

Haidt, J., and J. Graham. Forthcoming. When morality opposes justice: Emotions and intuitions related to ingroups, hierarchy, and purity. *Social Justice Research.*

Halberstadt, J., and G. L. Levine. 1999. Effects of reasons analysis on the accuracy of predicting basketball games. *Journal of Applied Social Psychology* 29: 517–30.

Hall, G. S. 1904. *Adolescence.* Vol. 2. New York: Appleton & Co.

Hammerstein, P. 2003. Why is reciprocity so rare in social animals? A

Protestant appeal. In *Genetic and Cultural Evolution of Cooperation,* ed. P. Hammerstein, 83–93. Cambridge, MA: MIT Press.

Harrison, J. 1967. Ethical objectivism. In *The Encyclopedia of Philosophy.* Vol. 3–4. Ed. P. Edwards, 71–75. New York: Macmillan.

Hayek, F. A. 1988. *The Fatal Conceit: The Errors of Socialism.* Chicago: University of Chicago Press.

Henrich, J., R. Boyd, S. Bowles, C. Camerer, E. Fehr, H. Gintis, et al. 2005. "Economic man" in cross-cultural perspective: Behavioral experiments in 15 small-scale societies. *Behavioral and Brain Sciences* 28: 795–855.

Hertle, H.-H. 1996. *Chronik des Mauerfalls: Die dramatischen Ereignisse um den 9. November 1989.* Berlin: Christoph Links Verlag.

Hertle, H.-H., and G.-R. Stephan. 1997. *Das Ende der SED: Die letzten Tage des Zentralkomitees.* Berlin: Christoph Links Verlag.

Hertwig, R., and G. Gigerenzer. 1999. The "conjunction fallacy" revisited: How intelligent inferences look like reasoning errors. *Journal of Behavioral Decision Making* 12: 275–305.

Hertwig, R., and P. M. Todd. 2003. More is not always better: The benefits of cognitive limits. In *The Psychology of Reasoning and Decision Making: A Handbook,* ed. D. Hardman and L. Macchi, 213–31. Chichester, UK: Wiley.

Hoffrage, U. 1995. The adequacy of subjective confidence judgments: Studies concerning the theory of probabilistic mental models. Ph.D. diss., University of Salzburg, Austria.

Hoffrage, U., S. Lindsey, R. Hertwig, and G. Gigerenzer. 2000. Communicating statistical information. *Science* 290: 2261–62.

Hogarth, R. M. 2001. *Educating Intuition.* Chicago: University of Chicago Press.

———. Forthcoming. On ignoring scientific evidence: The bumpy road to enlightenment. In *Ecological Rationality: Intelligence in the World,* ed. P. M. Todd, G. Gigerenzer, and the ABC Research Group. New York: Oxford University Press.

Hogarth, R. M., and N. Karelaia. 2005a. Simple models for multi-attribute choice with many alternatives: When it does and does not pay to face tradeoffs with binary attributes. *Management Science* 51: 1860–72.

———. 2005b. Ignoring information in binary choice with continuous variables: When is less "more"? *Journal of Mathematical Psychology* 49: 115–24.

———. 2006. Regions of rationality: Maps for bounded agents. *Decision Analysis* 3: 124–44.

Holland, J. H., K. J. Holyoak, R. E. Nisbett, and P. R. Thagard. 1986. *Induction: Processes of Inference, Learning and Discovery*. Cambridge, MA: MIT Press.

Horan, D. Forthcoming. Hunches in law enforcement. In *Mere Hunches: Policing in the Age of Terror,* ed. C. Lerner and D. Polsby.

Hoyer, W. D., and S. P. Brown. 1990. Effects of brand awareness on choice for a common, repeat-purchase product. *Journal of Consumer Research* 17: 141–48.

Huberman, G., and W. Jiang. 2006. Offering vs. choice in 401(k) plans: Equity exposure and number of funds. *Journal of Finance*. 61: 763–801.

Humphrey, N. K. 1976. The social function of intellect. In *Machiavellian Intelligence,* ed. R. Byrne and A. Whiten, 13–26. Oxford, UK: Clarendon, 1988.

Hutchinson, J. M. C., and G. Gigerenzer. 2005. Simple heuristics and rules of thumb: Where psychologists and behavioural biologists might meet. *Behavioural Processes* 69: 97–124.

Ifrah, G. 2000. *A Universal History of Numbers*. New York: Wiley.

Iyengar, S. S., and M. R. Lepper. 2000. When choice is demotivating: Can one desire too much of a good thing? *Journal of Personality and Social Psychology* 79: 995–1006.

Jacoby, L. J., V. Woloshyn, and C. Kelley. 1989. Becoming famous without being recognized: Unconscious influences of memory produced by dividing attention. *Journal of Experimental Psychology* 118: 115–25.

James, W. 1890. *The Principles of Psychology*. Cambridge, MA: Harvard University Press, 1981.

Jensen, K., B. Hare, J. Call, and M. Tomasello. 2006. What's in it for me? Self-regard precludes altruism and spite in chimpanzees. *Proceedings of the Royal Society B: Biological Sciences* 273: 1013–21.

Johnson, E. J., and D. G. Goldstein. 2003. Do defaults save lives? *Science* 302: 1338–39.

Johnson, E. J., J. Hershey, J. Meszaros, and H. Kunreuther. 1993. Framing, probability distortions, and insurance decisions. *Journal of Risk and Uncertainty* 7: 35–51.

Johnson, J. G., and M. Raab. 2003. Take the first: Option generation and resulting choices. *Organizational Behavior and Human Decision Processes* 91: 215–29.

Jones, E. 1953. *The Life and Work of Sigmund Freud.* Vol. 1. New York: Basic Books.

Kahneman, D., P. Slovic, and A. Tversky, eds. 1982. *Judgment Under Uncertainty: Heuristics and Biases*. Cambridge, UK: Cambridge University Press.

Kahneman, D., and A. Tversky. 1996. On the reality of cognitive illusions. *Psychological Review* 103: 582–91.

———. 2000. Choices, values, and frames. In *Choices, Values, and Frames,* ed. D. Kahneman and A. Tversky, 1–16. Cambridge, UK: Cambridge University Press. Reprinted from *American Psychologist* 39 (1984): 341–50.

Kaiser, T., H. Ewers, A. Waltering, D. Beckwermert, C. Jennen, and P. T. Sawicki. 2004. Sind die Aussagen medizinischer Werbeprospekte korrekt? *Arznei-Telegramm* 35: 21–23.

Kanwisher, N. 1989. Cognitive heuristics and American security policy. *Journal of Conflict Resolution* 33: 652–75.

Katsikopoulos, K., and L. Martignon. 2006. Naive heuristics for paired comparisons: Some results on their relative accuracy. *Journal of Mathematical Psychology*, 50, 488–94.

Keeney, R. L., and H. Raiffa. 1993. *Decisions with Multiple Objectives*. Cambridge, UK: Cambridge University Press.

Kleffner, D. A., and V. S. Ramachandran. 1992. On the perception of shape from shading. *Perception and Psychophysics* 52: 18–36.

Klein, G. 1998. *Sources of Power: How People Make Decisions*. Cambridge, MA: MIT Press.

Kohlberg, L. 1981. *The Philosophy of Moral Development: Moral Stages and the Idea of Justice: Vol. 1 of Essays on Moral Development*. San Francisco: Harper and Row.

Kohlberg, L., C. Levine, and A. Hewer. 1983. Moral stages: A current formulation and a response to critics. In *Contributions to Human Development*. Vol. 10. Ed. J. A. Meacham. New York: Karger.

Kummer, H., L. Daston, G. Gigerenzer, and J. Silk. 1997. The social intelligence hypothesis. In *Human by Nature: Between Biology and the Social Sciences,* ed. P. Weingart, P. Richerson, S. D. Mitchell, and S. Maasen, 157–79. Hillsdale, NJ: Erlbaum.

Laland, K. 2001. Imitation, social learning, and preparedness as mechanisms of bounded rationality. In *Bounded Rationality: The Adaptive Toolbox,* ed. G. Gigerenzer and R. Selten, 233–47. Cambridge, MA: MIT Press.

Lanchester, B. S., and R. F. Mark. 1975. Pursuit and prediction in the tracking of moving food by a teleost fish (Acanthaluteres spilomelanurus). *Journal of Experimental Psychology: General* 63: 627–45.

Langewitz, W., M. Denz, A. Keller, A. Kiss, S. Rüttimann, and B. Wössmer. 2002. Spontaneous talking time at start of consultation in outpatient clinic: Cohort study. *British Medical Journal* 325: 682–83.

Lapp, T. 2005. Clinical guidelines in court: It's a tug of war. *American Academy of Family Physicians Report,* February 2005. http://www.aafp.org/x33422.xml (accessed March 1, 2006).

Lee, T. H., and T. A. Brennan. 2002. Direct-to-consumer marketing of high-technology screening tests. *New England Journal of Medicine* 346: 529–31.

Lenton, A. P., B. Fasolo, and P. M. Todd. 2006. When less is more in "shopping" for a mate: Expectations vs. actual preferences in online mate choice. Submitted manuscript.

Lerner, C. 2006. Reasonable suspicion and mere hunches. *Vanderbilt Law Review* 59: 407–74.

Levine, G. M., J. B. Halberstadt, and R. L. Goldstone. 1996. Reasoning and the weighing of attributes in attitude judgements. *Journal of Personality and Social Psychology* 70: 230–40.

Lieberman, M. D. 2000. Intuition: A social cognitive neuroscience approach. *Psychological Bulletin* 126: 109–37.

Lightfoot, L. 2003. Unruly boys taken on pink bus to shame them into behaving. *Daily Telegraph,* May 20.

Luria, A. R. 1968. *The Mind of a Mnemonist.* Cambridge, MA: Harvard University Press.

Malhotra, N. K. 1982. Information load and consumer decision making. *The Journal of Consumer Research* 8: 419–30.

Malkiel, B. G. 1985. *A Random Walk Down Main Street: The Time-Tested Strategy for Successful Investing.* 4th ed. New York: Norton.

Marshall, A. 1890. *Principles of Economics.* 8th ed. London: Macmillan, 1920.

Martignon, L., and U. Hoffrage. 1999. Why does one-reason decision making work? A case study in ecological rationality. In G. Gigerenzer, P. M. Todd, and the ABC Research Group, *Simple Heuristics That Make Us Smart,* 119–40. New York: Oxford University Press.

———. 2002. Fast, frugal and fit: Lexicographic heuristics for paired comparison. *Theory and Decision* 52: 29–71.

Martignon, L., and K. B. Laskey. 1999. Bayesian benchmarks for fast and frugal heuristics. In G. Gigerenzer, P. M. Todd, and the ABC Research Group, *Simple Heuristics That Make Us Smart,* 169–88. New York: Oxford University Press.

Martignon, L., O. Vitouch, M. Takezawa, and M. R. Forster. 2003. Naive and yet enlightened: From natural frequencies to fast and frugal decision trees. In *Thinking: Psychological Perspectives on Reasoning, Judgment and Decision Making,* ed. D. Hardman and L. Macchi, 189–211. Chichester, UK: Wiley.

Martin, R. D. 1994. *The Specialist Chick Sexer: A History, a World View, Future Prospects*. Melbourne: Bernal Publishing.

Matthews, G., R. D. Roberts, and M. Zeidner. 2004. Seven myths about emotional intelligence. *Psychological Inquiry* 15: 179–98.

McBeath, M. K., D. M. Shaffer, and M. K. Kaiser. 1995. How baseball outfielders determine where to run to catch fly balls. *Science* 268: 569–73.

McBeath, M. K., D. M. Shaffer, S. E. Morgan, and T. G. Sugar. 2002. Lack of conscious awareness of how we navigate to catch baseballs. Paper presented at the Toward a Center of Consciousness Conference, University of Arizona, Tucson.

McKenzie, C. R. M., and J. D. Nelson. 2003. What a speaker's choice of frame reveals: Reference points, frame selection, and framing effects. *Psychonomic Bulletin and Review* 10: 596–602.

Mellers, B., R. Hertwig, and D. Kahneman. 2001. Do frequency representations eliminate conjunction effects? An exercise in adversarial collaboration. *Psychological Science* 12: 269–75.

Menard, L. 2004. The unpolitical animal. *The New Yorker,* August 30.

Merenstein, D. 2004. Winners and losers. *Journal of the American Medical Association* 7: 15–16.

Meyers-Levy, J. 1989. Gender differences in information processing: A selectivity interpretation. In *Cognitive and Affective Responses to Advertising,* ed. P. Cafferata and A. Tybout, 219–60. Lexington, MA: Lexington Books.

Michalewicz, Z., and D. Fogel. 2000. *How to Solve It: Modern Heuristics*. New York: Springer.

Miller, G. A. 1956. The magical number seven, plus or minus two: Some limits on our capacity of processing information. *Psychological Review* 63: 81–97.

Myers, D. G. 2002. *Intuition: Its Powers and Perils*. New Haven, CT: Yale University Press.

Naylor, C. D. 2001. Clinical decisions: From art to science and back again. *The Lancet* 358: 523–24.

Neuman, W. R. 1986. *The Paradox of Mass Politics*. Cambridge, MA: Harvard University Press.

Newell, B. R., N. Weston, and D. R. Shanks. 2003. Empirical tests of a fast and frugal heuristic: Not everyone "takes-the-best." *Organizational Behavior and Human Decision Processes* 91: 82–96.

Newport, E. L. 1990. Maturational constraints on language learning. *Cognitive Science* 14: 11–28.

Nisbett, R. E., and T. D. Wilson. 1977. Telling more than we can know: Verbal reports on mental processes. *Psychological Review* 84: 231–59.

Oppenheimer, D. M. 2003. Not so fast! (and not so frugal!): Rethinking the recognition heuristic. *Cognition* 90: B1–B9.

Ortmann, A., G. Gigerenzer, B. Borges, and D. G. Goldstein. Forthcoming. The recognition heuristic: A fast and frugal way to investment choice? In *Handbook of Experimental Economics Results,* ed. C. R. Plott and V. L. Smith. Amsterdam: Elsevier/North-Holland.

Pachur, T., and R. Hertwig. 2006. On the psychology of the recognition heuristic: Retrieval primacy as a key determinant of its use. *Journal of Experimental Psychology: Learning, Memory, and Cognition* 32: 983–1002.

Payne, J. W., J. R. Bettman, and E. J. Johnson. 1993. *The Adaptive Decision Maker*. Cambridge, UK: Cambridge University Press.

Pearson, S. D., L. Goldman, T. B. Garcia, E. F. Cook, and T. H. Lee. 1994. Physician response to a prediction rule for the triage of emergency department patients with chest pain. *Journal of General Internal Medicine* 9: 241–47.

Peitz, C. 2003. Interview with Simon Rattle: Das Leben ist keine Probe [Life is not a rehearsal]. *Der Tagesspiegel* 23 (December 29, 2003). http://archiv.tagesspiegel.de/archiv/2029.2012.2003/909678.asp (accessed March 21, 2006).

Petrie, M., and T. Halliday. 1994. Experimental and natural changes in the peacock's (*Pavo cristatus*) train can affect mating success. *Behavioral and Ecological Sociobiology* 35: 213–17.

Pinker, S. 1997. *How the Mind Works*. New York: Norton.

Pohl, R. F. 2006. Empirical tests of the recognition heuristic. *Journal of Behavioral Decision Making* 19: 251–71.

Polya, G. 1954. *Mathematics and Plausible Reasoning.* Vol. 1. Princeton, NJ: Princeton University Press.

Pozen, M. W., R. B. D'Agostino, H. P. Selker, P. A. Sytkowski, and W. B. Hood. 1984. A predictive instrument to improve coronary-care-unit admission practices in acute ischemic heart disease. *New England Journal of Medicine* 310: 1273–78.

Putnam, H. 1960. Minds and machines. In *Dimensions of Mind,* ed. S. Hook, 138–64. New York: New York University Press.

Ransohoff, D. F., M. McNaughton Collins, and F. J. Fowler Jr. 2002. Why is prostate cancer screening so common when the evidence is so uncertain? A system without negative feedback. *The American Journal of Medicine* 113: 663–67.

Rapoport, A. 2003. Chance, utility, rationality, strategy, equilibrium. *Behavioral and Brain Sciences* 26: 172–73.

Reimer, T., and K. Katsikopoulos. 2004. The use of recognition in group decision-making. *Cognitive Science* 28: 1009–29.

Resche, C. 2004. Investigating "Greenspanese": From hedging to "fuzzy transparency." *Discourse and Society* 15: 723–44.

Richerson, P. J., and R. Boyd. 2005. *Not by Genes Alone*. Chicago: University of Chicago Press.

Rieskamp, J., and U. Hoffrage. 1999. When do people use simple heuristics and how can we tell? In G. Gigerenzer, P. M. Todd, and the ABC Research Group, *Simple Heuristics That Make Us Smart,* 141–67. New York: University of Oxford Press.

Rosander, K., and C. Hofsten. 2002. Development of gaze tracking of small and large objects. *Experimental Brain Research* 146: 257–64.

Sacks, O. 1995. *An Anthropologist from Mars*. New York: Vintage Books.

Saxberg, B. V. H. 1987. Projected free fall trajectories: I. Theory and simulation. *Biological Cybernetics* 56: 159–75.

Schacter, D. L. 2001. *The Seven Sins of Memory: How the Mind Forgets and Remembers*. New York: Houghton Mifflin.

Schacter, D. L., and E. Tulving. 1994. What are the memory systems of 1994? In *Memory Systems, 1994,* ed. D. L. Schacter and E. Tulving, 1–38. Cambridge, MA: MIT Press.

Scheibehenne, B., and A. Bröder. 2006. Predicting Wimbledon tennis results 2005 by mere player name recognition. Unpublished manuscript.

Schiebinger, L. 1989. *The Mind Has No Sex? Women in the Origins of Modern Science*. Cambridge, MA: Harvard University Press.

Schlosser, A. 2002. *Fast Food Nation*. London: Penguin.

Schooler, L. J., and J. R. Anderson. 1997. The role of process in the rational analysis of memory. *Cognitive Psychology* 32: 219–50.

Schooler, L. J., and R. Hertwig. 2005. How forgetting aids heuristic inference. *Psychological Review* 112: 610–28.

Schwartz, B., A. Ward, J. Monterosso, S. Lyubomirsky, K. White, and D. R. Lehman. 2002. Maximizing versus satisficing: Happiness is a matter of choice. *Journal of Personality and Social Psychology* 83: 1178–97.

Schwartz, L. M., S. Woloshin, F. J. Fowler Jr., and H. G. Welch. 2004. Enthusiasm for cancer screening in the United States. *Journal of the American Medical Association* 291: 71–78.

Scott, A. 2002. Identifying and analyzing dominant preferences in discrete choice experiments: An application in health care. *Journal of Economic Psychology* 23: 383–98.

Selten, R. 1978. The chain-store paradox. *Theory and Decision* 9: 127–59.

Serwe, S., and C. Frings. 2006. Who will win Wimbledon 2003? The recognition heuristic in predicting sports events. *Journal of Behavioral Decision Making* 19: 321–32.

Shaffer, D. M., S. M. Krauchunas, M. Eddy, and M. K. McBeath. 2004. How dogs navigate to catch Frisbees. *Psychological Science* 15: 437–41.

Shaffer, D. M., and M. K. McBeath. 2005. Naive beliefs in baseball: Systematic distortion in perceived time of apex for fly balls. *Journal of Experimental Psychology: Learning, Memory, and Cognition* 31: 1492–1501.

Shanteau, J. 1992. How much information does an expert use? Is it relevant? *Acta Psychologica* 81: 75–86.

Shanks, D. R. 2005. Implicit learning. In *Handbook of Cognition*, ed. K. Lamberts and R. Goldstone, 202–20. London: Sage.

Shepard, R. N. 1967. On subjectively optimum selections among multiattribute alternatives. In *Decision Making*, ed. W. Edwards and A. Tversky, 257–83. Baltimore, MD: Penguin Books.

Sher, S., and C. R. M. McKenzie. 2006. Information leakage from logically equivalent frames. *Cognition* 101: 467–94.

Sherden, W. A. 1998. *The Fortune Sellers: The Big Business of Buying and Selling Predictions*. New York: Wiley.

Shweder, R. A., N. C. Much, M. Mahaptra, and L. Park. 1997. The "big three" of morality (autonomy, community, and divinity), and the "big three" explanations of suffering, as well. In *Morality and Health*, ed. A. Brandt and P. Rozin, 119–69. New York: Routledge.

Silk, J. B., S. F. Brosnan, J. Vonk, J. Henrich, D. J. Povinelli, A. S. Richardson, et al. 2005. Chimpanzees are indifferent to the welfare of unrelated group members. *Nature* 437: 1357–59.

Simon, H. A. 1969. *The Sciences of the Artificial.* 2nd ed. Cambridge, MA: MIT Press, 1981.

———. 1990. Invariants of human behavior. *Annual Review of Psychology* 41: 1–19.

———. 1992. What is an "explanation" of behavior? *Psychological Science* 3: 150–61.

Smart, J. J. C. 1967. Utilitarianism. In *The Encyclopedia of Philosophy.* Vol. 8. Ed. P. Edwards, 206–12. New York: Macmillan.

Sniderman, P. M. 2000. Taking sides: A fixed choice theory of political reasoning. In *Elements of Reason: Cognition, Choice, and the Bounds of Rationality,* ed. A. Lupia, M. D. McCubbins, and S. L. Popkin, 74–84. New York: Cambridge University Press.

Sniderman, P. M., R. A. Brody, and P. E. Tetlock. 1991. *Reasoning and Choice: Explorations in Political Psychology*. New York: Cambridge University Press.

Sniderman, P. M., and S. M. Theriault. 2004. The dynamics of political argument and the logic of issue framing. In *Studies in Public Opinion: Gauging Attitudes, Nonattitudes, Measurement Error and Change,* ed. W. E. Saris and P. M. Sniderman, 133–65. Princeton, NJ: Princeton University Press.

Sober, E. 1975. *Simplicity*. Oxford, UK: Oxford University Press.

Sober, E., and D. S. Wilson. 1998. *Unto Others: The Evolution and Psychology of Unselfish Behavior*. Cambridge, MA: Harvard University Press.

Standing, L. 1973. Learning 10,000 pictures. *Quarterly Journal of Experimental Psychology* 25: 207–22.

Stein, M. D., K. A. Freedberg, L. M. Sullivan, J. Savetsky, S. M. Levenson, R. Hingson, et al. 1998. Sexual ethics: Disclosure of HIV-positive status to partners. *Archives of Internal Medicine* 158: 253–57.

Stich, S. P. 1985. Could man be an irrational animal? *Synthese* 64: 115–35.

Sunstein, C. R. 2005. Moral heuristics. *Behavioral and Brain Sciences* 28: 531–42.

Takezawa, M., M. Gummerum, and M. Keller. 2006. A stage for the rational tail of the emotional dog: Roles of moral reasoning in group decision making. *Journal of Economic Psychology* 27: 117–39.

Taleb, N. N. 2004. *Fooled by Randomness: The Hidden Role of Chance in Life and in the Markets*. New York: Texere.

Terkel, S. 1997. *My American Century*. New York: The New Press.

Tetlock, P. E. 2003. Thinking the unthinkable: Sacred values and taboo cognitions. *Trends in Cognitive Sciences* 7: 320–24.

Thompson, C., J. Barresi, and C. Moore. 1997. The development of future-oriented prudence and altruism in preschool children. *Cognitive Development* 12: 199–212.

Todd, J. T. 1981. Visual information about moving objects. *Journal of Experimental Psychology: Human Perception and Performance* 7: 8795–8810.

Todd, P. M., and G. Gigerenzer. 2003. Bounding rationality to the world. *Journal of Economic Psychology* 24: 143–65.

Todd, P. M., and G. F. Miller. 1999. From pride and prejudice to persuasion: Satisficing in mate search. In G. Gigerenzer, P. M. Todd, and the ABC Research Group, *Simple Heuristics That Make Us Smart,* 287–308. New York: Oxford University Press.

Todorov, A. 2003. Predicting real outcomes: When heuristics are as smart as statistical models. Unpublished manuscript.

Tomasello, M. 1988. The role of joint-attentional processes in early language acquisition. *Language Sciences* 10: 69–88.

———. 1996. Do apes ape? In *Social Learning in Animals: The Roots of Culture,* ed. B. G. Galef Jr. and C. M. Heyes, 319–46. New York: Academic Press.

Tooby, J., and L. Cosmides. 1992. The psychological foundations of culture. In *The Adapted Mind: Evolutionary Psychology and the Generation of Culture,* ed. J. Barkow, L. Cosmides, and J. Tooby, 19–136. New York: Oxford University Press.

Törngren, G., and H. Montgomery. 2004. Worse than chance? Performance and confidence among professionals and laypeople in the stock market. *Journal of Behavioral Finance* 5: 148–53.

Toscani, O. 1997. *Die Werbung ist ein lächelndes Aas*. Frankfurt a.M.: Fischer.

Turing, A. M. 1950. Computing machinery and intelligence. *Mind* 59: 433–60.

Tversky, A., and D. Kahneman. 1974. Judgment under uncertainty: Heuristics and biases. *Science* 185: 1124–31.

———. 1982. Judgments of and by representativeness. In *Judgment Under Uncertainty: Heuristics and Biases,* ed. D. Kahneman, P. Slovic, and A. Tversky, 84–98. Cambridge, UK: Cambridge University Press.

———. 1983. Extensional versus intuitive reasoning: The conjunction fallacy in probability judgment. *Psychological Review* 90: 293–315.

U.S. Preventive Services Task Force. 2002a. *Guide to Clinical Preventive Services: Report of the U.S. Preventive Services Task Force.* 3rd ed. Baltimore, MD: Williams & Wilkins.

———. 2002b. Screening for prostate cancer: Recommendations and rationale. *Annals of Internal Medicine* 137: 915–16.

Viscusi, W. K. 2000. Corporate risk analysis: A reckless act? *Stanford Law Review* 52: 547–97.

Volz, K. G., L. J. Schooler, R. I. Schubotz, M. Raab, G. Gigerenzer, and D. Y. von Cramon. 2006. Why you think Milan is larger than Modena: Neural correlates of the recognition heuristic. *Journal of Cognitive Neuroscience* 18: 1924–36.

von Helmholtz, H. 1856–66. *Treatise on Psychological Optics,* trans. J. P. C. Southall. New York: Dover, 1962.

Vranas, P. B. M. 2001. Single-case probabilities and content-neutral norms: A reply to Gigerenzer. *Cognition* 81: 105–11.

Warrington, E. K., and R. A. McCarthy. 1988. The fractionation of retrograde amnesia. *Brain and Cognition* 7: 184–200.

Wegner, D. M. 2002. *The Illusion of Conscious Will.* Cambridge, MA: MIT Press.

Wennberg, J., and D. Wennberg, eds. 1999. *Dartmouth Atlas of Health Care in Michigan.* Chicago: AHA Press.

Williams, B. 1973. A critique of utilitarianism. In *Utilitarianism: For and Against,* ed J. J. C. Smart and B. Williams, 77–150. Cambridge, UK: Cambridge University Press.

Wilson, T. D. 2002. *Strangers to Ourselves: Discovering the Adaptive Unconscious.* Cambridge, MA: Harvard University Press.

Wilson, T. D., D. J. Lisle, J. W. Schooler, S. D. Hodges, K. J. Klaaren, and S. J. LaFleur. 1993. Introspecting about reasons can reduce post-choice satisfaction. *Personality and Social Psychology Bulletin* 19: 331–39.

Wilson, T. D., and J. W. Schooler. 1991. Thinking too much: Introspection can reduce the quality of preferences and decisions. *Journal of Personality and Social Psychology* 60: 181–92.

Wulf, G., and W. Prinz. 2001. Directing attention to movement effects enhances learning: A review. *Psychonomic Bulletin and Review* 8: 648–60.

Wundt, W. 1912. *An Introduction to Psychology,* trans. R. Pintner. New York: Arno, 1973.

Zajonc, R. B. 1980. Feeling and thinking: Preferences need no inferences. *American Psychologist* 35: 151–75.

Zweig, J. 1998. Five investing lessons from America's top pension fund. *Money,* 115–18.

國家圖書館出版品預行編目（CIP）資料

直覺思維：你超越邏輯的快速決策天賦 / 捷爾德 ・ 蓋格瑞澤 (Gerd Gigerenzer) 著；
余莉譯 .-- 二版 . -- 新北市：日出出版：大雁出版基地發行 , 2023.12
384 面；14.8x20.9 公分
譯自 :Gut feelings : the intelligence of the unconscious
ISBN 978-626-7382-27-1(平裝)

1. 直覺 2. 認知心理學

176.41 112018850

直覺思維(二版)
你超越邏輯的快速決策天賦

Gut Feelings
The Intelligence of the Unconscious
by Gerd Gigerenzer

作　　者　捷爾德・蓋格瑞澤（Gerd Gigerenzer）
譯　　者　余　莉
責任編輯　李明瑾
協力編輯　溫智儀
封面設計　謝佳穎
發 行 人　蘇拾平
總 編 輯　蘇拾平
副總編輯　王辰元
資深主編　夏于翔
主　　編　李明瑾
行　　銷　廖倚萱
業　　務　王綬晨、邱紹溢、劉文雅
出　　版　日出出版

發　　行　大雁出版基地
新北市新店區北新路三段207-3號5樓
電話：(02)8913-1005　傳真：(02)8913-1056
劃撥帳號：19983379 戶名：大雁文化事業股份有限公司
二版一刷　2023 年 12 月
定　　價　480 元

I S B N　978-626-7382-27-1